U0009710

Thirteen Ways to
Right Your Financial Wrongs

理財盲點

The Dumb Things
Smart People Do with Their Money

有錢人不會做的13件理財決定

CBS新聞網商業分析師
吉兒・施萊辛格 Jill Schlesinger 著　葉婉智 譯

獻給賈姬

Contents
目錄

The Dumb Things
Smart People Do
with Their Money

作者註解

Thirteen Ways to
Right Your
Financial Wrongs

本書呈現的故事皆為真實，除非另有指
明。基於隱私緣故，人物姓名與其他可
辨識的細節已經過變更。欲知本書內容
主題相關的更多資訊，請見部落格「吉
兒談錢」（Jill on Money）。也請各位明
白，本書所含的某些概念構思和建議源
自這個部落格。

Introduction

序

　　只要一談到錢，我們每個人都曾有過這種「噢，該死」的慘痛時刻，一瞬間從天堂掉入地獄，改變了我們的人生，才猛然驚覺自己搞砸了一切。我原本擔任金銀期權交易員，後來又擔任理財規劃師，現在我是美國哥倫比亞廣播公司（CBS）新聞網商業分析師，也主持廣播節目和播客訪談。即使如此，我見過無數這類慘痛時刻，自己也親身經歷過幾次。我發現，有時候我們可以採取一些行動來拯救自己，而且有些原以為的天大錯誤好像也沒那麼糟糕。不過，通常我們唯一能做的事就是說「噢，該死」，來哀悼我們的損失，好繼續向前。

　　2006 年，我前任客戶藍迪經歷過真正的「噢，該死」時刻，差點讓他下半輩子悲慘無比。在 1990 年代與 2000 年代早期，藍

迪是某大銀行資深貸款專員，專門負責小公司的核貸作業。到了 2003 年，藍迪四十歲出頭，想要有所改變。與其繼續為銀行做牛做馬，他認為可以運用自己淵博的專業知識，開創自己的事業，為小公司提供諮詢，協助處理各類金融相關議題。他會需要經常出差，穿梭全國各地找客戶會談，但這樣做收入頗豐，從 15 萬美元變成超過 30 萬美元，他的妻子與正值青少年時期的兩個小孩可以過更好的生活。

　　帶著少許不安，藍迪辭職，開始經營自己的顧問事業。透過廣大人脈，一開始，他輕而易舉接下不少獲利豐厚的合約。就在此時，他與我會面，討論他的財務規劃。他許多方面的狀況都還不錯。除了為小孩預存大學費用之外，他的「401（k）退休福利計畫」大概有 80 萬美元，另一個非退休投資帳戶大約有 50 萬美元。現在他要開創自己的事業，此時難題出現了，他必須自行負擔以前銀行提供的慷慨福利。他編定預算來支付個人健康保險，但保費並不便宜，而且我們還提高了他的壽險保額。我對他說：「嘿！怎麼不投保失能險？」他的銀行先前曾為他投保，以防他因身體失能而無法執行工作。這類保險通常按年薪百分比扣除，以公司福利的確有辦法負擔得起；但是，若由個人自付，保費很貴。現在藍迪自己獨立了，他必須花費一年 8,000 美元，以他 30 萬美元新收入的 70% 為基準投保，直到六十五歲為止，屆時就有

社會安全保險給付。當然，他隨時可以動用自己的非退休存款，若年屆五十九歲，人生已過大半，到時也可動用退休帳戶；但如果要自行負擔 30 萬美元、70% 的保費基準，不到三年時間，會消耗不少非退休帳戶的存款。

　　我告訴藍迪，他必須投保失能險。他猶豫了，說：「保費高得嚇人。而且你看，我將來不一定需要。我知道人老了可能有心臟毛病或其他問題，但我很健康，基因良好。」我力勸他投保，但他拒絕。他說：「吉兒，我告訴妳，我就是不需要，也不想為這個付錢。」我能理解藍迪的想法。我是在要求他支付巨額帳單，預防一件我們絕不希望發生的事。可是，我從未聽過有人抱怨必須投保車險。他又說：「坦白說，我到今年都未曾出事！」但我知道，藍迪要投保失能險才是上策。

　　現在，你看出事情怎麼回事了吧？接下來幾年，藍迪和我每年見一次面，討論他的財務狀況。每一次，我都問起失能險的事，而每次他都拒絕。然後到了 2006 年，意想不到的事發生了。藍迪並未心臟病發，他說的沒錯——他的心臟好得很。但是他被診斷罹患多發性硬化症（Multiple sclerosis，MS）。幾年下來，他的症狀早就日趨惡化。確診之時，症狀已經相當嚴重。他無法控制身體平衡，也很容易跌倒。雖然還可以工作，卻無法一如既往長時間應對客戶，也無力出差工作。別說每年賺 30

萬美元了,他只能勉強維持 75,000 美元。

　　這項診斷讓藍迪遭逢「噢,該死」時刻。當然,這個噩耗真是可怕的悲劇,重挫他和家人,而且完全超出他的控制,他不僅得面臨嚴峻的現實,就連財務也受到波及。假設他有投保失能險,每月領到的錢幾乎等於每年扣稅後的實得收入。沒有保險,他的麻煩可大了。他的家人雖然可以略為削減支出,卻沒辦法大幅削減三分之二以上的家庭月開銷。藍迪的妻子是有工作,但那只不過是兼職,根本無法填補財務漏洞。於是,一月復一月,藍迪不得不動用他 50 萬美元的非退休存款;到了六十五歲時,這個帳戶裡的錢就榨乾了。

　　雖然我很同情藍迪,但他與我都領悟到他犯了非常愚蠢的錯誤,使他付出龐大的代價。代價有多大?讓我們來算一下。藍迪確診罹病,是在他前公司的失能險失效三年後發生的。如果他選擇繼續投保,在申請理賠之前,僅需支付 24,000 美元保費。可是他拒絕投保,只好被迫耗費 50 萬美元的非退休存款。所以,**這個不幸的錯誤讓藍迪及其家人損失大約 476,000 美元**。這不包括他與家人因為財務未來的不確定性而承受的情緒折磨。如果藍迪買了保險,他原本會有穩定的收入來源。他原本可以專心養病,確信自己及其家人的未來穩定無虞。

　　現在，你肯定在想藍迪怎會犯下這麼蠢的錯誤？他是相當聰明的人。實際上，當他開始創業後，人們付錢給他請他來規劃。況且，這個人以前待過銀行！沒人比他更懂金錢。但他仍然搞砸了。

　　但願我能說：「就我所知，藍迪是唯一犯了極為嚴重且代價高昂的財務錯誤的聰明人。」不過他不是。班（Ben）和陶比斯（Tobias）是好朋友，五十幾歲了，在一家大型科技公司擔任工程師。1999 年，他們來到我的辦公室，因為兩人都考慮退休，想了解有什麼選擇。兩人的財務狀況都相同，每人各有大約 120 萬美元的退休存款，其中至少有 90% 投資於公司股票。最重要的是，兩人都很幸運地能有一筆退休金。我和他們見面時，他們想知道自己是否有足夠的錢退休，而我活力充沛地回答：「是，可是……」沒錯，退休金已經夠了，但就投資的角度來看，他們必須分散投資組合，以降低公司股價下挫的風險。

　　其中的班先生贊同我的說法。在我們會面後，他直接回家，賣掉他全部的公司持股。兩星期後，他大搖大擺地走進我的辦公室，宣布他要在六十歲時退休，希望由我來管理他的退休帳戶，重新分配他的資金，為他建立有效分散風險的投資組合。陶比斯的情況大不相同。他對賣掉公司股票感到很不安。他說：「公司股票每個月都在漲，我得考慮一下。」幾個月後，他回

來找我，對我搖了搖手指：「我現在的持股過去值 120 萬美元，目前價值 130 萬美元。如果我聽了妳的話，不就損失 10 萬美元了。」我恭喜他多賺了 10 萬美元，不過也警告他，或許該從不同的觀點來看。沒錯，他的戶頭多了 10 萬美元，但是為了得到這筆錢，他把自己暴露在風險之中。如果市場走向剛好相反，他怎麼想？他回答：「吉兒，妳放心，我還行，可以應付得了。」

又過了幾個月，陶比斯再度聯絡我。此時，他的帳戶已價值 140 萬美元。他說：「抱歉，我決定不再與妳合作了。妳先前可能害我損失 20 萬美元。」

我說：「嗯，不見得，如果是由我為你理財，你會賺到 5 萬美元。」

他說：「好，很好，妳會害我損失 15 萬美元。我還是不想和妳合作，也不會賣掉股票，而且妳知道，我決定不想退休。我超愛我賺的每分錢。」他提醒我，他比他的好友班還要小好幾歲。

同樣的，你可能可看出事情的發展。2000 年 3 月，科技泡沫破滅了。幾乎一夜之間，該公司股票暴跌。幾年後，我問班，他的朋友陶比斯近況如何？（我還必須克制自己別幸災樂禍！）

股災前，他賣掉股票了嗎？很不幸地，他沒賣掉。基本上，班的帳戶還維持在 130 萬美元；陶比斯在股票虧損將近 100 萬美元時，不得不賣掉股票。現在，他的帳戶僅值 40 萬美元。

班非常享受他的退休生活，知道自己有足夠金錢，日子過得無憂無慮。但陶比斯除了工作之外別無選擇，到頭來還得繼續原來的工作，再做九年，到了六十八歲才退休，遠比他上次來找我諮詢時的預估歲數還要久。他的愚蠢舉動讓自己損失將近 100 萬美元，以及大約十年的人生。

沒有「購買正確保險」或「聰明投資」，僅是聰明人常犯的許多愚蠢錯誤中的其中兩項。我曾見過心臟外科名醫、備受推崇的律師、傑出的科學家與資深的企業管理者犯了讓你聽了會搖頭說「蛤？」的錯誤。這些錯誤的代價可能是驚人的：失去家園、人生破碎、放棄夢想等。我有個朋友不願行使他從雇主那得到的股票選擇權，因為他「不想支付」大約 10 萬美元的稅。不論怎麼勸誘，他都不為所動。金融危機來臨時，他公司的股票重挫，而他的選擇權期滿時，變得毫無價值。他的拖延毫無意義，使他與家人損失 75 萬美元的存款，儘管他是對的──他的確一毛錢都不用付給美國政府。

我還遇過老夫妻購買他們並不需要的反向抵押貸款（reverse

mortgage），害繼承人損失數萬美元。還有一位醫師不顧我的熱心忠告，拒立遺囑，在他死後，家人面臨原本可避免的超過 100 萬美元的稅單。由於他的固執，繼承人必須出售位於瑪莎葡萄園島（Martha's Vineyard）的祖產，這是他生前始料未及的後果。

即使你沒有遭遇財務災難，也極可能浪費賺來的血汗錢，錯過原本可以累積的大筆財富，又或是使自己或親人遭受不必要的情感困擾。你可曾想過，為什麼你就是不如身邊那些同行那麼富有？儘管勞心勞力，還是達不到所設定的財務目標？或許是運氣不好，也可能是你的一個蠢決定，即使你的智商很高、學歷顯赫，或在其他領域有著傑出的表現。

請理解，我並非妄下判斷。之後，我將在本書中坦承，我曾犯下重大投資錯誤，令我深感羞愧及尷尬，甚至到現在都覺得難以啟齒。在 2000 年代初期，股市剛從網路泡沫復甦，我太晚投資高風險成長公司。我一直在等「正確的時機」進場，我自詡聰明，有辦法看準進場時機。猜猜後來怎樣？我沒抓準時機。那一年，我的資金只獲得 12% 報酬率，而市場報酬率卻超過 20%。

我花不少時間思考為何會鑄下大錯，以及為何許多其他聰明人也持續犯下類似錯誤。現在我體悟：我成了情緒的俘

虜，尤其厭惡風險。我一直都是保守型投資人，這源自我的兒時經歷，我看過父親賠了一大筆錢。他曾任美國證券交易所（American Stock Exchange，AMEX）場內的期權交易員，喜歡瘋狂亂下賭注。1982 年，美國鋼鐵公司（US Steel）買下馬拉松石油公司（Marathon Oil）的這項賭注害慘了他，讓他的交易帳戶整個清空──甚至更多。我永遠忘不了從父母房間門縫看到父親大哭，他跟我母親敘述事情經過。後來他們走出房間，父親向我和妹妹宣布：「女兒，我們要帶著戶頭僅存的 5,000 美元，搬去加州居住。」於是我們搬家了，在驅車沿著太平洋海岸公路的路途，整整下了十天的雨。

　　類似這樣可怕的童年經驗，會影響你與金錢的關係，讓自己心存偏見做出某些決定，通常只會更糟。不過，廣義而言，人類都是感性動物，而不僅是理性的，因此更容易做錯財務決策。藍迪自以為生活穩當，沒料到日後大難臨頭，竟發生「噢，該死」的慘事。而陶比斯以為公司出色的財務績效會持續，這不切實際的臆測，反而加深他對公司和科技股牛市的信心，使他痛失百萬美元。即使好心的「吉兒大嬸」（Aunt Jill，某些廣播節目和播客的聽眾這樣稱呼我）都已經指出問題了，他依然自負，對自己的邏輯缺陷視而不見。

　　多數情況下，只要談到錢，「恐懼」和「貪婪」這兩種情

緒會特別困擾我們。我們害怕失去所有，並渴望得到更多。此外，我們固有的認知偏誤（cognitive bias），蒙蔽了判斷力，顛倒是非黑白。還有「確認偏誤」（confirmation bias），我們偏好尋找支持自己成見的資訊；或是「自制偏誤」（restraint bias），容易高估自己足以抵抗誘惑，實則不然；或是「樂觀偏誤」（optimism bias），容易流於一廂情願。這些偏誤可能會導致我們做出一堆蠢決定，當下看似無害，代價卻十分慘痛。我看過不少人老是重蹈覆轍。

到目前為止，我為人提供財務規劃和投資建議，差不多三十年了。我曾與數千人談話，如同心理學家，我幾乎看遍聰明人做的每件蠢事。很多時候，聽到有人犯錯的後果時，我和他們一起掉下淚來（字面上和比喻上都是）。和試著引導與鼓勵人們探索心理傾向的心理醫師不同，我有機會告訴這些人到底該怎麼做。除了幫助我的客戶，我還透過每週主持一次的現場叩應廣播節目、在 CBS 新聞網露臉、主持播客訪談、撰寫報紙專欄和部落格，為大眾提供財務建議。

長久以來，我認為這種「直播」的工作已經足夠，讓我得以宣揚觀念並幫助人們避開因財務行為所遭遇的不必要痛苦。雖然，2007~2009 年的金融風暴已過去十年，而我仍然會聽到，聰明人問同樣的問題，犯同樣的悲慘錯誤；我仍看到，其他方

面算聰明的人受制於自身情緒和偏見，而沒有誠信的金融業者也積極利用這些盲點，讓他們的生活被毀，被迫延遲退休。等我的結論是：我們必須誠實討論常見的財務失誤，才可避免重蹈覆轍；若是已經犯了錯，則導回正軌。

　　你不論是在投資、購屋、退休規劃或其他方面，如果你的錢碰到「噢，該死」的可怕時刻，請別絕望。你絕不是唯一搞砸的人，很多人都這樣。還有，請明白，犯財務錯誤並不可恥。唯一可恥的是，無法從中得到教訓，好採取措施避免愚蠢的舉動。

　　接下來幾章，我將探討聰明人在金錢上一連串令人驚訝，甚至是違反直覺的失誤，這些錯誤可能讓人付出數萬或數十萬美元的代價，更別提那些在無數夜裡的輾轉難眠。我將解開這些錯誤，說明其中潛在的心理成因，並且告訴你該如何改善。在這些章節的最後，我將提出簡單的工具，幫助你用最少力氣避免這類錯誤。我不會針對私人財務管理或金融主題提出全面性的指南。如果你想深入了解諸如抵押貸款、投資、遺產規劃等方面的主題，你可參考市面已有的這類書籍。我的目的只是探討聰明人所犯的錯。我從數十種這類錯誤篩選，找出代價最高、最常見的失誤，並彙整成一本精簡易讀的書。只要能幫你減免一件愚蠢的錯誤，並避免其他的，那麼這本書就值得了。

有些受歡迎的理財書籍能提出迅速致富妙方，或提供通俗簡單的財務指南。本書不是這個路數。我發現，大多數人偏好直白實用的理財技巧，以常識和內行人觀點教你如何管理自身情緒，協助自己駕馭財務旅程。我還發現，如同茱莉・安德魯絲（Julie Andrews）所說的：「只要一匙糖，良藥不再苦口」；所以，我們會花點時間自嘲自己的愚行。為什麼不呢？人非聖賢，孰能無過？（以我為例，我曾遭遇兩次失敗婚姻！）更何況是做錯財務決定？儘管這些財務決定傷人，有些還真他媽的可笑，只要能接納自己的過失，原諒自己就好。

這就是我的作法，我也希望各位能這樣做。你是否夠謙遜，坦承自己有多容易情緒脆弱？你是否可以靈活地改變自己規劃財務的方式？那麼現在就開始吧。本書有十三章，說明十三件「蠢事」。這是你理財靈魂亟需的心靈雞湯，也充滿了許多的樂趣。

蠢事•••1

購買自己不懂的金融商品

　　假設你的低成本退休金帳戶有 80 萬美元，而你也幸運擁有退休金。某一天，你的投資顧問打電話來，邀你打一場高爾夫，並且建議你把這個 80 萬美元的老本轉入變額年金險（Variable Annuity）。他解釋說：這是類似個人退休金帳戶（Individual Retirement Account，IRA），但享有租稅誘因的「獨特」投資；只要你的錢不斷增加，就不用繳稅。往後，當你要退休或快退休、繳稅等級不高時，就可以領回款項，支付應繳稅款給美國政府。不僅如此，日後在你需要用錢時，你還有許多選項可取得這筆錢，並建立一個現金流。如果股市下跌，你也會得到保障，還能以天衣無縫的方式把錢留給繼承人。你自己個人的退休金，聽起來還不賴，對吧？

　　你喝光那杯「安諾龐瑪」，然後毫不猶豫地告訴你的顧問，把所有的資金全部轉入這個閃亮的新年金。你開始享受生活，確信自己的存款不僅是安全，而且持續增長。一年後，你瀏覽了自己的對帳單，發現令人不爽的意外：裡面只剩 786,000 美元。這是怎麼回事？市場正在上漲，你的帳戶卻在賠錢。

　　你仔細研究了一下，發現你的高爾夫球友（顧問）推薦的年金，竟然內含可觀的費用，一年將近 2 ～ 3%；相較之下，你個人退休金帳戶裡的陽春型指數型基金只收 0.25%。如果投入年金的錢來自於應稅戶頭，或許還比較合理。不過，你的狀況是這筆錢來自稅收優惠的退休帳戶。實際上，你其實是在花錢買一個你不需要的稅賦優惠。你從費用相對較低的退休帳戶領出錢，然後投入自己不懂的昂貴退休商品。此舉實在不怎麼高明，事實上，這是個代價 14,000 美元的錯誤。

　　聰明人常常被他們不懂的金融商品所騙。不只是年金，還有許多其他商品。聰明人常砸下大筆積蓄，買進金條或金幣，認為這項「安全」的投資可讓自己安然度過市場動盪。但真相是：貴金屬是不穩定的投資，可能會貶值，如果跌價，就很難脫手。聰明人會申請「反向抵押貸款」（reverse mortgage），期待房屋淨值能讓他們按月領到一筆還不錯的小額收入。幾年後，當他們知道自己必須搬家時，才發現他

們面臨沒料到的高額利息和費用。或者，在某些情況下，由於聰明人及其繼承人不了解附屬細則，使得財產無法轉移給下一代。其他還有避險基金（hedge fund，又稱對沖基金或套利基金）。避險基金看起來很誘人，而它們也確實讓人流口水——對那些億萬富翁和機構投資者是如此，因為他們有管道可以投資那些真正績效卓越、報酬率高達 10% 的避險基金；至於我們這些傻瓜，還是守著無趣的舊式指數基金會好得多。

在本章，我將探討這些金融商品潛在弊端，分析你可能沒時間細看的小細節，還有坦白說，你的經紀人希望你忽略掉的細節。我也會提出一套縝密方法，讓你保護自己，避免再次買到自己不了解的金融商品。你在別的地方學不到這個方法，在華頓商學院、史丹佛大學、哈佛大學都學不到。準備好了嗎？這個方法是……「**提出更多問題**」。我知道，這很平淡無奇，但很多聰明人都做不到。我們寧可花很多時間研究度假行程資訊、週末夜的約會該去哪家餐廳，研究它們的乾式熟成有機草飼牛排，卻不想花時間在未來需要依靠的金融商品上頭。如果你真的愛惜金錢，就應該開始提出犀利的問題——不是因為你想這樣做，而是因為它攸關你的最佳利益。

不要再買黃金

我們來談談黃金。在深夜電視節目裡，常常看到過氣演員叫賣金幣或金條的廣告。你第一個念頭是：「影集《解開心結》（*Knots Landing*）那個傢伙居然還活著？」然後你就聽到他警告說：「外頭世界很危險，不管將來發生什麼事，你需要一種方法確保自己的資金安全，而購買金幣和金條，就可以安心了。如果股市崩盤，黃金依然保值。」

拜託幫幫忙：別聽信《解開心結》那傢伙而在深夜作出投資決定，千萬不要。這些話出自前任黃金交易員之口，所以一定要注意！

黃金**聽起來**是不錯的投資。我們的確有必要保護自己免受不穩定金融市場的影響，特別是貨幣貶值、物價上漲的通貨膨脹時期。世代以來，我們的祖先借助諸如土地、石油、天然氣或大宗商品之類的資產，尋求保護，因為這些資產的價格會隨著總體價格上漲而上漲。在這些資產之中，黃金長期以來被視為最終的「安全避風港」。過去，整個國家的貨幣都和黃金價格掛勾，也就是俗稱的「金本位制」。那麼，為什麼不把你自己大部分的存款換成黃金呢？

　　我來告訴你為什麼吧。黃金不像它看起來那麼安全，所有的商品價格都不穩定。黃金在很長的一段時間價格停滯或貶值，在過去兩世紀以來，曾有過好幾次五年期或十年期的時間，證明黃金是糟糕的投資。比方說，在 2012～2017 年這段期間，黃金不但面臨經濟困境還遇到股市市值縮水的痛苦時刻。當時，美國政治人物協商提高債務上限（debt ceiling），把我們帶往災難的邊緣；歐元區（Eurozone）在希臘債務危機的壓迫下，幾近崩潰；英國選民投票脫離歐盟；最近在 2016 年初，由於憂心全球經濟放緩，原油價格暴跌，股市在年初修正。儘管經歷了這些波折，這段期間，標準普爾 500 指數（S&P 500）上漲了82%，但黃金卻下跌 47%。假設你聽信唱衰市場人士的話，把一半的投資組合轉成黃金，你會賠得精光。

　　從其他層面來看，黃金不是好的投資標的。不同於股票或債券，黃金無法透過支付利息和股息來創造收入（其他的貴金屬，例如銅和銀也不會）。單就這點而論，大多數投資專家都會勸客戶遠離黃金。若想防禦市場的不穩定，你最好購入一支放空股市的「指數股票型基金」（exchange-traded fund，ETF），一旦股市下跌，你就能賺錢。擁有龐大投資組合的富裕投資人也可購買選擇權，來抵禦危險的市場。如果你擔心通貨膨脹，也可購買抗通膨債券（inflation-protected bonds），例如：通膨掛勾債券（I-Bonds）或抗通膨美國公債（Treasury Inflation-

Protected Securities，TIPS），根本沒必要投資黃金。

　　如果我都鄭重警告了，你還是執意要買黃金，那就幫自己一個忙，將黃金的曝險部位限制在總投資組合的 5% 以內。看在上帝的份上，遠離金條或金幣。這些產品的商業促銷廣告裡，還包含高額佣金。況且，你還得支付保險費和保管空間的費用（難不成你要把黃金藏在床墊裡？）。還有，如果你想賣出黃金，可能無法以實際的市場價格賣出，因為一般人很難進入紐約證券交易所（New York Stock Exchange，NYSE）或商品交易所（commodities exchange）之類的大型次級市場（secondary market），而這些地方都可買賣以黃金為基準的金融商品。你持有的「標的物」（underlying）是實質金屬，而非以黃金為基準所組成的金融商品。所以，與其試圖讓人激烈競價買下你的黃金，你能做的其實是走進買賣黃金的店家，試著把黃金脫手。黃金到頭來只會變成很糟的買賣。

　　你可轉而投資黃金「指數股票型基金」（ETF）。指數股票型基金是一種看似共同基金（mutual fund）的投資，因為這是「匯集投資」（pooled investment），不過交易方式較像股票，可以在交易日當天任何時間點買賣 ETF，不像大多數開放式共同基金那樣需以當日收盤價結算。黃金 ETF（簡稱「GLD」）於 2004 年首次面市，允許投資人以購買反映金條

價格績效的匯集資產來參與黃金市場。買進黃金 ETF，你是無法取得所購買的金條實體的，不過這樣一來，你可免除實際持有貴金屬標的物的隱藏成本和維護問題。除了 ETF，你也可投資黃金股票（gold stock）來購買貴金屬開採公司的股權，要是股價下跌，至少你可以輕易出售。不過切記，只能占你投資組合的一小部分。

如我所言，雖然我曾任黃金交易員，卻依舊不碰這些東西。我有提過黃金救了我繼祖母瓦萊麗一命嗎？她生長於第一次世界大戰後的匈牙利，我們都叫她「瓦麗」。1940 年代初期，納粹黨人長驅直入他們村落，她的母親給了一堆金飾，跟她說：「把這些藏好，趕快逃出鎮外！」瓦麗一點一滴兜售這些金子，花錢設法逃出歐洲，先前往倫敦再轉往澳大利亞，嫁給我祖父後才移民美國。在動盪不安的時代，黃金為她提供了保護。但這不代表黃金也可給你最佳保護。收手吧！黃金通常只是糟糕的投資。

為何你該退出反向抵押貸款？

你在看著深夜電視節目（或許你正為錢煩惱到睡不著）的同時，你可能也看到「反向抵押貸款」這種金融產品的廣告，正在引誘聰明人陷入圈套。反向抵押貸款受到「美

國住房及城市發展部」（Department of Housing and Urban Development）的監管，目標對象是超過六十二歲、房屋已完全持有或僅剩一些房貸餘額尚未清償的房屋持有人。辦理這種貸款毋需賣掉房子，可以立即取用自己的資產淨值，會以一次總付或每月分期支付的方式，給予你一部分資產淨值。將來你死亡或不再住在該房屋裡的時候，銀行的錢就會回收（通常是賣掉房子來收回），連同利息和財務費用。

反向抵押貸款對於大量資產聚積在房屋上，每月卻沒有很多其他退休收入可提領使用的年長人士而言，是可行的辦法。有了反向抵押貸款，你不需搬出自己的房子再去找更便宜的住屋，你可以留在原地度過餘生。當死神敲響你家大門，房子賣出後，扣除清償放款人的款項後，你的繼承人即可拿到剩餘資產。

那麼問題出在哪裡？的確有幾個問題。仙蒂·喬利（Sandy Jolley）是反向抵押貸款方面的消費權益倡議者暨國內專家，可以告訴你上數百個駭人故事，關於掠奪成性的放款人評定過高的費用，或是針對借款人房屋，訂定極長的取消抵押品贖回權期限（而且有時並不合法），以此坑殺消費者。即使放款人的舉措相當合宜（而且業界近來已經收斂不少），許多借款人或其繼承人因為不了解這些貸款的複雜條款和規定，仍舊遭受極大虧損。

　　佛羅里達州的邦妮得知過世不久的母親生前以房屋申請反向抵押貸款，[1] 希望過世後由邦妮清償貸款，保住這項祖產。邦妮想這麼做，但她不知道自己必須提出不少文件，甚至要正式經過認可，成為母親財產的法定代表後，銀行才會告知這筆貸款的未償餘額數目。根據反向抵押貸款條款，邦妮如果在母親死後想保住這間房子，只能在六個月的時間內還清這筆貸款。但是成為法定代表所費不貲，還得耗上好幾個月。等到邦妮終於處理好了，銀行告知待償金額後，她還得申請貸款來還清款項，因為她沒錢。最後，這筆貸款未能在六個月內成功核貸，銀行取消了她母親這間房子的贖回權，而邦妮卻無能為力。

　　許多人申請反向抵押貸款時，除了違反條款和規定之外，也並未分析自己是否真能在自己家長長久久的住下去。萬一健康出狀況，最後需要鉅額的照護花費，該怎麼辦？反向抵押貸款帶來的收入金流是否足夠？還是你仍然得搬離？或許你真的負擔不起這間房子。或是說，倘若你負擔得起，你也可能因為需要親友照顧而想搬離。若你只想以短短幾年時間從反向抵押貸款擠出一些錢，這倒是可以，但仍需償還銀行已放款的金額，且須支付數千美元手續費和違約金。

1．根據作者 2017 年 12 月 12 日與仙蒂‧喬利的電話訪談。

　　申請反向抵押貸款前，請先別急，還要做足功課。為了避免陷入邦妮的情況，仙蒂建議先找一位合格的不動產律師，諮詢是否該把自家和其他資產交付信託。她也建議為自己建立詳盡的財務規劃，向你可信賴的顧問尋求忠告，也要多多探索其他選項，譬如出售或出租自宅，或從現有房貸再增貸（請見她的網站：www.elderfinancialterrorism.com）。反向抵押貸款很複雜，合約中有一頁又一頁的小字條款。在申請前，請務必充分了解內容，以及是否適合。

砍掉避險基金

　　2005 年某個夏日，我的準客戶吉姆到我辦公室閒晃，吹噓他在避險基金投資了 30 萬美元非退休資產。吉姆可能認為我會對他印象深刻，或許以為我會說：「哇！避險基金。」一直以來，富豪（美國證券交易委員會〔Securities and Exchange Commission，SEC〕對他們有個特別的稱呼：「受信投資人」〔accredited investor〕）和機構投資者利用避險基金這項投資工具，「迴避」主要投資組合的損失。避險基金經理人幾乎可以購買基金裡的全部資產，包括可以加快經理人賭注的複雜衍生商品（記得金融危機後的衍生品嗎？）。這些經理人聲稱：他們複雜精細的策略是根據縝密演算法而成，將可造就優異績效。

大約十到十五年前，這些基金變了，基本上不再以「避險」來自我行銷，而是用「獨家機會」來獲取亮麗回報。大眾把錢投入共同基金或債券，而知情人士則有特殊管道，加入天才投資者管理的私募避險基金（private hedge fund）。

我告訴這位潛在客戶：「避險基金看似吸引人，但萬一你想快速拿回錢呢？」不同於共同基金，避險基金的贖回時程規則錯綜複雜，無法在出售後三天內隨即拿到支票。

他說：「這個嘛……我不擔心。」

他後來並沒有成為我的客戶。幾年過去，2008 年時，我們在便利商店偶遇，他說：「天啊！我最近賠慘了，早知道就該聽妳的。」他投資的 30 萬美元損失了三分之二，帳戶僅剩 10 萬。他眼睜睜看著事情發生，卻無法脫身，等到終於能將錢取出時，僅值 8 萬美元。他非常驚慌，決定結清帳戶，轉為現金，而非等待基金價值是否再次升高。由於他的錢已轉為現金，當市場再度走揚，他也沒跟上賺錢機會。

倘若這位仁兄跟我們其他人一樣投資的是陽春型指數型基金，他的帳戶價值可能也會漸漸虧損，畢竟那一年可是 2008 年；但至少他還有辦法取用這筆錢，也不必驚慌失措地把錢轉成現

金，以致於損失**數千美元**。而且極有可能不會像現在這樣損失慘重，無法東山再起。儘管散發精明幹練的氣息，避險基金**就是不太妙**。只有大約 10% 的避險基金顯著超越標準普爾 500 指數；其餘則是時好時壞，努力擠進這個黃金 10%。你根本進不去，通常只有億萬富翁和機構投資者才有辦法。即使你恰好持有能夠產生收入的避險基金，部分收入可能被美國國稅局（Internal Revenue Service，IRS）視為一般收入，以較高稅率課稅，而非以較低的資本利得（capital gains）稅率。此外，避險基金所徵收的高額服務費，會漸漸侵蝕收益。這項基金索取「2、20」的費用，也就是：一年 2% 的基金維護費，加上 20% 的基金所得收益。一旦捲入其中，可真是不得了，對吧？

　　避險基金就好比是 Tinder 約會配對網站上的男女，檔案相片看起來極其惹火，但花五分鐘仔細看看後就黯然失色。早在 2007 年美國股神華倫·巴菲特（Warren Buffett）就向避險基金經理人發起知名挑戰，他願意用 100 萬美元與任何人打賭：未來十年避險基金的投資組合績效無法超越標準普爾 500 指數基金，贏家得捐給慈善機構 100 萬美元。猜猜有多少避險基金經理人接受賭注？只有「美國門徒夥伴避險基金公司」（Protégé Partners）的某位經理人接下戰帖。2017 年，結果揭曉：避險基金投資組合的績效很糟，年化報酬率只有 2.2%，而標準普爾 500 指數基金這十年的年增率則是 7.1%。內

布拉斯加州奧瑪哈女孩協會（Girls Inc. of Omaha, Nebraska）收到這筆 100 萬美元善款，真是天大的恩賜。

「恐懼」是了解的敵人

　　為何這麼多聰明人受到避險基金、反向抵押貸款或黃金的誘惑，因而賠錢？這關乎到他們為何買進不了解、具有潛在危險的其他金融商品，譬如浮動利率基金（floating rate fund）或垃圾債券基金（junk bond fund）？[2]有部分的問題在於我們聽信錯誤的建議（下一章將討論這樣的「蠢事」）。但另一部分的問題在於：大多數金融商品都很枯燥乏味，而且有些可能相當錯綜複雜。投資或保單的揭露文件（稱為「公開說明書」）動輒百頁，若要「簡單」計算一下，可不是那麼容易，而大多數的聰明人都很忙，甚至懶得花幾分鐘隨意翻閱這些文件。承認吧！申辦購屋貸款時，你真的已經詳細閱讀所有相關對保文件了嗎？肯定沒有！有太多人都不明白，很多時候煩倦會讓我們蒙受「貪婪」與「恐懼」雙重情緒的侵害。你的經紀人可能保證投資年金保險比股票安全，但仔細分析後，投資年金保險是否為明智之舉？很可能不是。

2．許多聰明人購買此類基金作為儲蓄帳戶的替代手段，認為這些基金很安穩，能賺入高額報酬（但其實可能只多幾個百分點）。銷售人員時常運用這類話術。事實上，浮動利率和債券基金不像儲蓄帳戶那樣安全，可能會、也的確經常失去價值。報酬愈高，風險愈大。

就我看來，其實不只枯燥無聊，還有其他因素影響人的行為。約克大學（York University）約翰·伊斯威特教授（John Eastwood）注意到，有兩種人容易覺得厭煩。有人持續尋求新鮮感，腎上腺素上癮，卻再也沒有刺激感。另一種是高度恐懼的人，他們也容易倦怠。為了逃避痛苦，他們避世離塵，屈居更加安穩舒適的環境，最後也變得無聊乏味。[3]

若有人聲稱財務管理「很煩」，我猜表面之下一定潛伏著恐懼感。或許，這些人害怕無法達成財務夢想，不想面對財務「現實面」，因此築牆防衛，設下一道稱之為「厭煩」的障礙。我身為理財規劃師，常常碰到這種狀況：只要花一點時間解釋金融相關事宜、處理對方的恐懼，他們突然就不再這麼「厭煩」談錢。

為了避免蠢事1，必須克服厭煩，花更多時間詳讀小字細則。別討厭我說這些，你知道本來就該這樣做！之後還要深入探問重要的問題。許多聰明人縱使在其他生活領域身經百戰，對於是否該向金融銷售員和顧問提出問題，仍然猶豫不決，恐懼也對此有影響。許多聰明人事業有成，慣於扮演專家角色，

3・David Robson, "Psychology: Why boredom is bad…and good for you," BBC, December 22, 2014, http://www.bbc.com/future/story/20141218-why-boredom-is-good-for-you.

但只要提到像是金錢這種自己幾無了解的主題，就很怕自己看起來無知愚昧，因此會不自覺的點點頭，假裝非常了解，而非冒著尷尬的風險提問。你有類似經驗嗎？我有！

尤其隨著鬢髮灰白年紀漸長，我們害怕提出「太多問題」，深怕冒犯經紀人或其他金融專業人士。「專家經驗」這項概念近來備受撻伐，有些觀察家甚至宣稱專家經驗已死。[4] 但有許多人仍舊會崇拜專家，不敢質疑他們的判斷力。我父親就是如此，終其一生，總是憤世嫉俗、桀驁不馴、挑剔批判，就是讓人深感「芒刺在背」的那種人。你有看過在小孩籃球比賽場上愚蠢大叫，對裁判破口大罵的父母嗎？我父親就是。當年我還是國中生，父親在我某次比賽時大吼大叫，最後他被拖離球場。

但 2013 年，父親重病住院時，卻不願向醫師提出問題。他一度在兩個月內多次進出加護病房，醫師提議再為他安排侵入式檢查。我禮貌地詢問醫師這項檢查是否有其必要，我父親卻擺臭臉給我看。醫師離開後，他表情嚴厲地說：「妳剛剛在幹嘛？竟敢質疑他！」在他眼裡，我犯下了嚴重大不敬的行為。

4・參見：湯姆・尼可斯（Tom Nichols），《專業之死》（*The Death of Expertise: The Campaign against Established Knowledge and Why It Matters*, New York: Oxford University Press, 2017）。

在我身為理財規劃師的職涯裡，常常希望客戶多問問題，而非少問。客戶問我問題，不代表不尊重我；相反的，他們在無形中也承擔了部分決策責任。我要客戶放心地覺得是我們一起下決定；如果他們不提問，我就更難處理他們的恐懼或矯正他們的錯誤觀念。如同《華爾街日報》（Wall Street Journal）專欄作家傑森・茲威格（Jason Zweig）說的：「不必害怕多問。優秀的財務顧問是毫無隱瞞的，而且會欣然接受解答你所有疑慮的機會。多年來，許多顧問都跟我說過，很希望客戶在簽約之前提出更多疑問，而非少問。」

如果不提問，聰明人就是在冒著自欺的風險，自以為了解某項財務議題，但其實僅有淺薄的特定知識。2017 年末，我與一整間會議室裡的資深電視製作人，討論當時國會某項尚待決議的共和黨稅法。這些製作人都是極其聰明的人，出身頂尖名校或研究所，年薪好幾十萬美元。但他們有些人卻不願向我提問法案的特定內容，總是點點頭說：「對，我們了解這是什麼。」我猜他們應該不懂，於是我要他們向我解說這項法案的特色，結果全場鴉雀無聲。他們真的不懂法案的任何詳情或細微差別，卻自認為很懂。他們所知的僅是有危險，但卻不足以讓他們做出睿智的財務決策。

所以，千萬拜託，一定要多多提問，要讓自己熟知全部

相關事宜！你可能知道年金保險是保險公司銷售的投資工具，讓你預先投入金錢。或許你也了解，保險公司為你投資這些資金，在將來某個時候支付現金流給你，幫你創造自己的私人年金。但請務必了解商品費用詳情、變現等候期長短，以及是否比別家公司的其他選項便宜或昂貴。如此一來，你就會發現，一個可能看似淺顯易懂的商品其實頗為複雜，有很多方面對你不利。你也可能發現，與其為那份年金保險耗費高額金錢，倒不如開立退休帳戶，複製指數型共同基金的多元投資組合特色，還能省下更多成本。

顧問與你討論金融商品之時，若你不問，他們就可能不會提示相關細節。這不見得是因為他們太陰險。保險公司的業務員向你推銷年金保險時，可能是全心全意相信這項商品。但身為銷售員，他們所受的訓練是把焦點放在商品好處，而非批判分析商品。沒錯，某些銷售員確實會說出商品的不利因素，但你千萬別輕信。你得加快腳步，提出問題，找出真相，如此才可引導銷售顧問說出可能不是特別方便透漏，而你卻有必要知道的真相。

若你沒有與銷售員合作，就要習慣對自己提問。假設你把一半的非退休存款投資於股市，你知道多元化投資合情合理，於是想把另一半款項投入債券。你查詢了中期債券的報酬率，

發現報酬率相當低，只有 2.25%，你在不斷翻找債券銷售項目清單後，找到一個報酬率 5.75% 的高收益債券基金，你會說：「哇！這是債券基金，報酬率多了 3% 以上。我要投資這個！」此時，你該自問：「我為何需要較高的報酬率？」倘若深入探究，你會發現原來這項債券基金風險較高，購買後，你根本是在出借錢財給高風險公司。假如這些公司不履行債務，你可能損失某些錢，即使在你的投資組合裡，這些部位被認定為「安全穩當」。

債券基金並非都一樣。當經濟不景氣時，垃圾債券的表現更像股票。問對問題，你就會知道！

五項大哉問

若有任何人試圖銷售金融商品給你（包括自行購買），**務必**提出以下五項問題：

問題一：這項金融商品要花多少錢？

大多數金融商品要麼要求你預付佣金，不然就是要你持續支付費用。至於共同基金，你的預付佣金可能高達 5.75%，後續還有其他高達 1% 的年度管理費。現在你知道為何避險基金這麼昂貴了吧！因為年費可能至少兩倍，或甚至更高！ 1% 或 3% 聽起來或許差異不大，但這代表每年可能花上數千美元。省下這些費用就如同累積「無風險報酬」（risk-free returns）。

若你與經紀人合作，一定要問清楚：賣給你這個金融商品，他可以賺進多少錢？如果經紀人被鼓勵賣某些商品給你，而非其他商品，你必須知道。這就引出第二項問題。

問題二：這項金融商品的替代方案是什麼？

為求完成最佳的金融商品交易，你應該貨比三家，積極探求替代方案。這些商品可能是同類商品的替代品，也可能是別種更能幫助你達到目標的金融商品，甚至是不須購買金融商品即可達成你的目標。

比方說，若你想原地養老，反向抵押貸款或許可用，但如同仙蒂・喬利所指出，你也可以增貸，或全然放棄申辦貸款把空房出租他人，藉此達到目的。若你與金融專業人士合作，要問對方「每項替代方案的費用是多少」，以及他能從每項方案賺多少錢。

問題三：從這項投資取回自己的錢容易嗎？若我必須這麼做，要支付手續費或罰金嗎？

某些金融商品長時間綁住你的錢，絲毫無法動彈，或必須支付極高的罰金才可動用。這或許沒什麼，但你得了解金融商品的「流動性」，並且在規劃較大的財務計畫時，進行分析。在大多數狀況下，你會想混和流動資產（例如緊急備用金）與較難清算的長期投資。一定要務實了解自己的現金需求。若你認為可能必須動用投資中的錢，要確認罰金或手續費不會過高。

問題四：我得替這項金融商品付多少稅金？

要計算某項投資工具的總成本，你得知道持有和出售這項工具要繳多少稅。你絕對不想看到沒有預料到的巨額稅單。對於你的退休帳戶之外進行的任何交易，這顯然很重要。想像一下，你實在有夠聰明或幸運，你的證券帳戶裡，買到某筆賺錢的投資，然後迅速賣出、獲利了結。假如是在購入一年內賣出的，你必須繳稅給美國政府，而適用稅率相當於你平常的稅級。現在，考慮到交易後的風險，稅後報酬（after-tax return）會有多好？或許不如你的預期。

問題五：這項金融商品會讓我面臨的最糟情況是什麼？

這是大問題，只需一句話，即可戳破銷售員一路帶給你的歡樂談話氛圍。你已經聽夠商品的好處。現在要問他們：如果商品獲利不如預期，你可能面臨的最糟情況是什麼？比較最糟糕的情況，可以讓你更加明白該選擇哪種投資。

要坦承你可能不了解金融商品，並不容易，特別是你自認
在生活中其他領域的表現一向優秀時；我很能體會這種感受。
不過，請換個角度想：事實是無法改變的。在購買之前，你大
可以直接「坦然面對」自己的無知；或是在闖下大禍、不得不
收拾殘局時，才慚愧地接受自己無知的事實。一定要做好研究！
假如你對某項金融商品一無所知，那就把銷售過程看成是訓練
的機會。在進行購車或買房這類大筆買賣時，盡可能地全程參
與並深思熟慮。畢竟，這可是會影響你未來好幾年的人生。

一旦我們坦承缺乏知識，通常就會依賴經紀人、保險經紀
人、有證照的理財規劃師與其他財務顧問，來幫助我們做決策。
然而，我們將在下一章提到，並非所有的財務建議都相同。某
些操盤手身負法定義務，必須著眼你的利益而提出忠告，但非
所有人都是如此。儘管聰明人很有才智，卻常常不明白個中差
別，也不了解何時該為可靠的建議付費，因此到頭來反而聽信
錯誤之言，付出慘痛代價。

蠢事•••2

聽取錯誤的財務建議

　　我朋友麥克是紐約市的整形外科醫師，他問我最能存下小孩大學教育費用的方法是什麼。我說很簡單，開立「52.9 大學儲蓄計畫」（529 plan）的帳戶即可。美國各州都有提供這類具租稅誘因的特別教育儲蓄帳戶，你存入 529 帳戶的款項可免徵聯邦所得稅（通常是各州所得稅），之後你用這筆錢支付符合規定的費用（目前是包括從幼兒園直到高中、大學與研究所的學費，最高一萬美元），皆無須繳稅。這就好比教育類的「羅斯個人退休帳戶」（Roth IRA）。通常可用非居民身分開立帳戶，不過某些計畫提供特殊租稅優惠給該州居民；有些計畫容許銷售人員招攬民眾並收取佣金；有些正好相反，讓民眾可直接透過州政府參加計畫，以免付佣金。我與麥克討論之時，紐約州正提供一項特別穩健的計畫，我建議他試試。他說：「這個嘛……我沒有加入紐約計畫。

我的顧問是建議參加羅德島計畫（Rhode Island Plan）。」

「真的嗎？這不合理。羅德島計畫很爛，尤其如果你是州外居民的話。」我說；並跟他解釋：依照他和妻子曼蒂（Mandy）的稅級，如果利用紐約州 529 計畫，每年可獲得高達一萬美元的州所得稅減免，為他們省下 1,300 美元。「想想看，你可以用這筆額外的錢做什麼？可以用來補強你和曼蒂的補充退休金計畫。隨著時間過去，你可以存更多桶金，甚至還能早點辭職。」況且，羅德島計畫的投資差又貴。

他沉默了，最後說：「我相信顧問這麼說，一定有他的道理。」

我點頭，說：「讓我跟你說吧！他賣你羅德島計畫才能抽佣金，要是他跟你說直接從紐約州加入 529 計畫是最佳作法，他就一毛錢也拿不到。」我繼續說：「這就是他的道理。我建議你退出羅德島計畫，轉到紐約計畫。我要是你，寧可選能減稅的方案。」

麥克不理我的勸告。他認為若承認顧問是在坑騙他，意味著承認自己也犯下愚蠢錯誤。所以，與其坦承這項錯誤、採取補救措施，他寧願假裝錯誤不存在。

　　許多聰明人都犯了我這位整形外科醫師朋友的錯：聽信打從一開始就試圖從你身上賺錢、而非幫助你的人的財務建議。這種錯很常犯，我們可能與博學多聞、親切和藹的保險經紀人或投資顧問有業務往來，他們可能是我們的舊識好友，或受我們信賴之人大力推薦。但很多人不了解：此類操盤手大多沒有幫我們維護最佳利益的法律責任。這才是問題所在。

　　不久前，我朋友琴姆和彼得生了第一個小孩。我建議他們投保壽險。他們決定透過琴姆的兒時朋友投保壽險，因為想「拉他一把」。兩星期後，他們打電話來說已經投保了壽險，激動得飄飄然——難道我不為他們高興嗎？

　　我原本替他們開心，直到我聽說他們投保了昂貴的終身壽險（whole life policy）。一張保額 100 萬美元的簡易定期壽險（term life insurance），每年保費只需要 700 美元；而他們投保的終身壽險每年要繳 8,000 美元。假如琴姆和彼得需要藉此存下更多的退休金，或有必要「終生」持有這份保單，這麼貴的保單就合情合理。他們買的保單類型除了提供保險，還提供所謂的永久保險項目（permanent coverage），不僅提供死亡給付，還有機會從保單積累金錢。但就目前而言，琴姆和彼得的雇主補助提繳退休帳戶，根本還沒累積到最高額度。

你猜他們的老朋友為什麼會推薦這份保單？你是不是認為和他們朋友可從第一年保費賺到 80% 的豐厚佣金有關？我是這麼認為！（附帶一提，他們告訴我這件事時，正在開車的我差點撞上長島高速公路的分隔島）。聽取錯誤的建議，可能好幾年都付出幾萬美元，卻得不到附加利益。我力勸他們馬上取消新保單，他們在保單正式核准前，還有三十天的猶豫期可以這樣做，這是該州核可的消費者權利。他們照做了，轉而購買更合適、更便宜的定期壽險。（小聲地說：既然是州政府所設的保險規範，也代表每州給予消費者改變心意的猶豫期有少許不同。詢問你的保險銷售員，「保單審閱期」有多久？多數州是十到三十天）。

琴姆和彼得只買一項金融商品。要是他們的顧問說除了保險之外，他們也需要退休投資方面的協助，那會怎樣？他可能說：「與其投入金錢到在職退休計畫，不如在我們這裡開立個人退休帳戶（IRA）。」聽起來不錯，但真是如此嗎？在職退休帳戶可能每年的開銷費用只要 0.5%，但這項 IRA 裡的新共同基金可能要付 2.5% 的預付款再外加每年 1% 的基金維護費。假設琴姆和彼得每年提繳 5,000 美元到退休帳戶裡，短短沒幾年就要付給經紀人數千美元，不需要什麼充分的理由，或許是用來支付經紀人的鄉村俱樂部年費吧！極為聰明的人總是遇到這類把戲。

　　我肯定你的財務顧問一定很和善，他（她）可能擅長以簡單易懂的語言解釋複雜的金融商品，也比亞伯拉罕·林肯更誠實。[1]但此人在法律上有義務給你最有利的建議嗎？如果發生利益衝突，是否有必要告訴你？

　　當我們走進汽車展售中心，我們會假設汽車銷售員正努力賺取佣金，所以在評估對方的建議時，會把這項資訊列入考量。相較之下，若是去看醫師，我們會假設這位醫療專業人士以病患利益為優先，而不像藥廠或保險公司那樣。這是因為法律強制醫師按照專業標準行事。如果醫師未依照你的最佳利益行事，會被吊銷執照。

　　好消息是：仍有成千上萬名顧問以你的利益為優先。我們尋求財務建議時，是由我們決定要與何種顧問對談以及需要為他們的協助付多少費用。花點時間來釐清這個灰色地帶，以便於你可以諮詢適合你的顧問，還有了解何時該為專業建議付費。在我協助你處理更多可能犯下的理財錯誤之前，真的有必要讓你正確思考財務建議。如果你無法正確思考，誰知道你是否會搞混忠告與推銷，犯下其他錯誤？

1．美國前總統林肯（Abraham Lincoln）本身有多個誠實的故事，例如年輕當店員時，有次顧客多付了幾分錢，他追了很遠去還錢；還有次賣茶葉時磅秤出錯，他事後也如實補上茶葉給顧客。

「另類」的 F 字首顧問

　　你知道豬肉有個別稱是「另類白肉」嗎？現在要來談談有些東西也以「另類」聞名，剛好和一種 F 字有一樣的英文字首。我說的是「受託人」（fiduciary），以及「信賴責任」（fiduciary responsibility）。這是什麼？律師和其他專業人士有「倫理準則」，必須以你的利益為優先。他們堅守「信賴準則」（fiduciary standard）。諸如「認證理財規劃師」（Certified Financial Planner，CFP）、「特許金融分析師」（Chartered Financial Analyst，CFA）、「認證會計師－個人理財專家」（Certified Public Accountant-Personal Financial Specialist，CPA-PFS）或「認證會計師」（Certified Public Accountant，CPA）之類稱號的某些金融專業人士都有信賴責任，須以你的最佳利益為優先；但有很多人並沒有，只是推銷公司商品，沒有義務透露這些商品是否符合客戶的最佳利益。相反的，他們受到「合適度」（suitability）標準的規範，向客戶提出「合適」的建議，不過這建議對客戶來說未必是最有利的。[2] 我朋友麥克付了佣金給羅德島 529 計畫，卻沒得到任何稅務優惠，這或許是「合適的」，因為 529 計畫

2・我寫這本書的時候，美國證券交易委員會已著手更新「合適度」這個概念，建立名為「最佳利益」的新標準。目前仍不清楚「最佳利益」確切定義，不過可能會比「適合度」更為嚴格，也對消費者更有保障，但仍不如「受託人」。（美國證券交易委員會的擬議規範，發佈編號：No. 34-83062；檔案編號 S7-07-18 [2018]；https://www.sec.gov/rules/proposed/2018/34-83062.pdf）

符合了麥克的需求：為小孩存大學費用。但可以肯定的是，這見鬼的不符合麥克的最佳利益。

十年前，那時我還不是財務顧問，絕大多數的顧問並未在形式上遵守「信賴準則」；他們並不需要，因為他們幾乎總是為客戶設想──這是非常根深柢固的社會規範。但是在 1980 年代到 1990 年代，由於證券商遭遇更多金融壓力，這類非正式的社會規範和專業精神漸漸受到破壞。大公司開始試圖推銷客戶並不需要的金融商品；個人顧問發現，推銷相當不錯，而不是最好的產品給你，可以讓自己過著優渥生活。在這樣的背景之下，一流財務顧問的概念有了新意義，他們的作為符合客戶的最佳利益，因為他們在法律上有義務這樣做。

金融危機後，因為許多消費者認為，顧問對於風險投資沒有說實話，或是整體而言沒有以他們的利益為優先，所以「信賴責任」甚至演變成更受矚目的議題。歐巴馬政府的勞工部研議新法規，規定所有監管退休帳戶的顧問必須遵守「信賴準則」。天啊！金融業恨透了這一點。金融業害怕要是這些法規通過，就得為旗下數千名顧問承擔法律責任。若客戶認為自己收到的建議僅是「合適」卻不符合他們的最佳利益時，就可以提起告訴。瞬間，大型投資公司和保險公司將不能販賣 IRA 帳戶裡昂貴的變額年金保險，除非是冗長地解釋為何提出的建議

是合理的。如果新雇主提供的退休計畫可完美取代前雇主的，他們就再也不能輕率地建議客戶把前雇主提供的退休帳戶轉入 IRA。我在廣播節目支持這項信賴規定時，無數電話和惡意電子郵件大量灌進來，說我的「合適度」訴訟論點是誇大其詞，其中一人是抽佣的保險業務員，他說我在「洗腦受託人觀念」。我當他是在讚美我！

金融業謾罵侮辱還不夠，還花費數百萬美元進行遊說，與新規定抗爭。他們聲稱這些法規損害了資產少於 25 萬美元的小型投資人，因為在考慮更高的法遵成本後，大型公司若繼續服務他們就不再有經濟意義。我說這是鬼扯。我跟這類公司的某個主管說：「你們的意思是，想公開聲明**不願意**以客戶利益為優先嗎？那你們的行銷內容全是廢話囉？」他抗議道：「那又不是正式條約。吉兒……我沒有法律責任要遵守這些行銷廢話。」

以投資人利益為優先，怎麼可能對小型投資人造成損害呢？我想了解這一點。無論如何，這點都有所爭議。本文寫作之時，美國政府宣布要廢除歐巴馬時期的法規，恢復原先的消費者保護措施。我依然堅信這項保護措施有其必要，因為有這麼多人（包括許多非常聰明的人），並不知道自己收到的建議不符合他們的最佳利益。

2017 年 11 月，我代表美國理財規劃顧問認證協會（Certified Financial Planner Board of Standards，CFP Board of Standards）和美國退休人員協會（America Association of Retired Persons，AARP）主持了一場涉及信賴議題的焦點團體。情況太令人驚訝了！與會人士很滿意自己的顧問，認為他們「誠實」、「值得信賴」且「消息靈通」。但我們深入探究後，這些與會者其實不確定自己的顧問是否有信賴責任，只是自己這麼認為。某位與會人員說：「根據『規定』，顧問必須以客戶最佳利益行事。」我提醒她，根本沒有這條「規定」。其他與會人員也同意我的說法。有人說：「這部分有許多盲點，大家就是不知道該問什麼。」其他人附議：「我真希望能有一些相關的法規，因為很多人都沒受過這方面的訓練。」

我們並沒有相關法規，讓我很想用另外一種 F 字狂炸，用常聽到的下流髒話去罵那些爛顧問。但我沒有。相反的，我想在你「勾搭」（只是比喻）任何財務顧問前，提出你該遵循的建議你。[3] 除了前一章提出的問題，還要詢問以下幾點：

● 直接詢問你的顧問人選，他是否有總是以你的利益為優先

3．該指南包含最初出現在我部落格 Jill On Money 的文章「F-Word Update Spring 2018」。（April 2, 2018, https://www.jillonmoney.com/blog/2018/4/2/f-word-update-spring-2018）

的法定義務。如果「有」，要有書面證明，並準備付費尋
求建議。務必詢問顧問的收費方式。是依時薪計價？還是
顧問費用包含在年度管理費中？或者是抽取佣金？

● 你的顧問人選有什麼專業認證？如果他獲得美國理財規劃
顧問認證協會的認證、是全美個人財務顧問協會（National
Association of Personal Financial Advisors，NAPFA）會員、是
認證會計師－個人理財專家，或是特許金融分析師，那麼
他就有信賴責任，在考核、進修教育和資歷方面，也必須
符合某些相當嚴格的標準。例如全美個人財務顧問協會禁
止顧問從推薦公司產品中獲取報酬，且須提交自己製作的
財務計畫給同儕審查。

● 你的顧問人選是否曾因不道德行為遭到制裁？他是否有正
式的執照或註冊？如果你的帳戶是由一個團隊打理，就要
與他們會面，詢問其他有業務往來的專業人士（律師、會
計師等），打電話給這些人來查核你的顧問人選。

● 你的顧問人選給你的財務建議裡，是否有其他人從中獲
利？你的規劃師應以書面向你揭露他自身的利益衝突。舉
例來說，如果你的規劃師想要向你推銷債券基金或年金保
險，你得要知道他與這家債券基金發行商或年金保險承保
公司是否有商業往來。

你可能認為詢問這類尖銳問題過於吹毛求疵，但如我們

在前一章所見，你必須跨過這道心理障礙，畢竟這與你的將來可關係重大。優秀傑出的財務顧問可理解你的憂慮，也樂於釐清自己的責任等級和專業認證。若你的顧問人選覺得受到冒犯，就是個很大的警訊。切記跟他保持距離。若你發現你的財務專家只是在推銷東西，但你或許仍想與他合作，那麼務必通盤詳查他所言的一切。你要研究自己的選項，驗證財務專家的建議是否確實值得採納。另一方面，也可視你的狀況與需求考慮付費，尋求真正的協助。

不要做自己的爛顧問

你可能正看著這本書，想著不要付半毛錢去找人諮詢財務狀況。你認為自己很聰明，當然會有辦法應付。

這理由通常合情合理，現在許多付費尋求財務建議的聰明人好像都不該付費。但許多人都應該要付費諮詢，如果不這麼做，就會再次成為「蠢事 2」的受害者。他們會聽信錯誤的財務建議，這次的錯誤出在自己身上。

我已婚的朋友保羅育有三個小孩，年紀輕輕的他經營一間小型平面設計公司。不久前，他的現金流出了問題，被客戶欠款的同時，還得付一筆 5 萬美元的稅單。他認為與其諮詢財務

顧問，不如自己想辦法處理。他把舊有退休帳戶內約 5 萬美元全領出來，盤算著客戶付錢給他後就可在六十天內回存。這樣就不必被課稅，也不必付 10% 的提前支領違約金（美國國稅局允許你從退休帳戶領錢，但必須在六十天內存回原本帳戶或不同的 IRA 帳戶，而每人每年僅有一次六十天的周轉期）。

你知道發生什麼事了。因為保羅的客戶延遲付款，所以他沒有及時回存這筆錢。違約金加上他高稅級的稅金，保羅現在反而還額外欠了國稅局 25,000 美元。這真是拿石頭砸自己的腳啊！最後他找我尋求解決這個爛攤子的建議。我跟他說，如果他早點尋求專業財務建議，就能有其他更有吸引力的選項，譬如拿房子去貸款，並用這筆錢去繳稅。現在，他無論如何都得用房子貸款了，因為客戶依然未付款，而且他還額外欠了 25,000 美元。此外，他說自己直接與國稅局溝通，而非透過會計師或律師。為何要自行溝通？這樣他只會讓自己陷入更大的麻煩。

另一位朋友安妮，犯了類似的錯誤，後果更為嚴重。她有兩間小型咖啡店，欠了 8 萬美元的州營業稅。但因為不景氣，缺現金的安妮決定不繳稅金。她想，只要稍待幾年，生意就會好轉，到時候就有錢支付。她沒意識到：**不繳稅是最糟糕的決定**。為什麼？因為除了欠繳的稅金，還會孳生手續費和罰金。

幾年內，她不只欠了 8 萬美元，待償金額已將近 15 萬美元。她為了還錢，最終清空了退休帳戶，對於往後能否回存這筆錢，她已不抱任何幻想。這又是件蠢事。安妮跟保羅一樣有房子，而且是很不錯的房子。因為房貸幾乎要還清了，她不想用房子借錢。如果她付費尋求財務建議，受託人肯定會概算整個狀況，說服她利用房貸或「房產淨值貸款」（home equity loan），或者乾脆賣掉房子，都比孳生手續費和罰金來得好，也不會榨乾她的 IRA。對了，這位顧問也會告訴她，**絕對不可**對國稅局或任何稅務機關默不作聲。我說的是「絕對不可」。因為他們終究會找到你。

誰該尋求專業建議？

希望我現在至少嚇壞了一些死忠 DIY 一切自己來的人。需要時，請尋求專業建議吧！但你怎麼知道自己需要？我們先搞清楚誰不需要付費給財務顧問，更確切地說，不需要付費尋求客製化的理財規劃。一般而言，若你有以下「三大財務狀況」其中一項，你就不需要「客製化的理財規劃」：

1. 你有消費性債務，包括信用卡債、就學貸款和汽車貸款。
2. 你沒有盡量增加退休儲蓄金提繳額（你的稅級要夠高，這樣做才有意義）。

3. 缺乏緊急備用金，要存有六到十二個月的開銷費用。

上班族請我推薦財務顧問的次數多到數不清。我都會要他們坐下喝杯咖啡談談發生什麼事，十個九個都還有「三大財務狀況」的困擾，根本不需付費諮詢財務顧問三大問題，我在 15 分鐘內就能回答他們的問題。你在操心如何運用錢之前，你須著手處理這三大項目。「三大財務狀況」任一項你都能自己輕鬆辦妥。

因為有些尚未處理好「三大財務狀況」的聰明人難以駕馭消費習慣，想要財務顧問手把手的教導，所以常常尋求諮詢。這通常是多餘的。顧問可能建議你一、兩次，幫你找出揮霍無度的部分，與你分享縮減開支的方法。但大多數人不需時時刻刻都有顧問隨侍在側，只需學會控制開支，而且這真的不難：追蹤開支、節約開銷。若你有 18,000 美元的信用卡債，還有必要問我或其他人能否購買 2 萬美元的訂婚戒指嗎？別鬧了！

這就像在健身房雇請私人教練。初步的訓練課程幫助你規劃身體活動，而你可能希望定期跟著教練鍛鍊身體以檢驗和重燃動力。但你若要讓身形更好，你就要自己少吃多動。同樣的，許多聰明人徵求根本不需要的財務建議，反而浪費錢。

在此給你一個嚴正的警告：不論你的經濟狀況如何，當你遇到非比尋常的狀況，而你又缺乏專業知識時，請務必諮詢他人。例如，稅務機關找上你時，立刻尋求建議；又或者與新雇主協商薪酬，對方讓你選擇拿到更多股票或現金時，去諮詢；如果你繼承一大筆錢，但不確定該怎麼處理這些錢時，去諮詢；如果被債權人追債，或面臨喪失房子的抵押品贖回權的風險時，去諮詢，而且最好是法律諮詢。或許你自以為知道如何處理這類狀況，但其實你不懂。你從未做過相關的計算，不了解法律、稅務或金融上的細微差別。更重要的是，這段過程可能夾雜了你的情緒，混亂思緒。請克服自尊或尷尬等讓你裹足不前的古怪情緒，打電話給受託人吧！

注意警訊

假設你遇到下述三種情況，但仍不確定是否該諮詢顧問：你的財務沒發生重大劇變、稅務機關沒有找上你，或者你（遺憾地）還沒有從失聯已久的叔叔那兒繼承一千萬美元遺產；這種情況下，你的需求明確，也有一些精於財務的朋友，只要遇到特定問題時都能打電話給他們。好的，那麼你該付費找財務顧問尋求個人化的理財規劃嗎？

老實說，我也不太確定，畢竟每個人情況不同。有時候你

之所以需要理財建議，全都是因為你自做自受；你自認擁有解決問題的知識，只是欠缺行動，和需要時間自我釐清而已。有時是因為另一半受不了你的理財方式，而想讓你們能夠達成共識，所以需要財務建議；或者，你只是不想管理財務事宜，因此需要財務顧問。當然，你也可以自己來，但你寧願每年支付一萬美元請人管理你的百萬美元投資組合，因為你有能力。這些理由全都很合理，只要你了解自己為何付費。

　　我關心的是，在你真正有需要和／或想要之時，能得到援助。為確保如此，請用批判眼光看待自己的生活。聰明人容易錯過一些應該立刻飛奔至最近的受託機構的警訊，我們來逐一檢視：

- **你每年都有可觀的退稅。**「哇！」你可能會說，「每年都有退稅──太棒了！」事實並非如此，若有退稅，表示你預付稅款一整年，讓美國政府從運用這筆錢獲益，而不是你！你可能很愛國，但別這麼愛國嘛！假設你有一萬美元的退稅，而你每年可從這筆錢獲利 5%。算一下！你這是把錢放著給別人賺。而有鑑於你以這種沒效率的方法使用金錢，你在其他方面可能也是如此。顧問可以幫你整頓一下。
- **你在為錢煩惱。**如果你每週為錢煩惱一次以上，而且你確實為錢頻繁失眠，表示你的財務狀況可能有部分根本力有

未逮。尋求專業協助吧！若不找財務顧問，之後就要找精神科醫師了。

● **時常與配偶為錢吵架。**夫妻衝突通常落入這類模式：一直吵架，從未達成共識，反覆浮現同樣的問題。如果事關退休、大學學費儲蓄、過度消費或任何其他財務問題，請尋求專業建議。如此一來，可協助你和配偶，以更有建設性的方式詳談問題。萬一配偶拒絕深入探究金錢問題，與理財規劃師合作，也可幫你讓配偶更加參與金錢事宜。

● **不清楚為投資付出多少。**不清楚，表示你無法全面看清財務狀況。專業顧問可幫你整理妥當，讓你遵循長期目標前進。

● **害怕盤算退休金額。**你為何這麼害怕？很可能是：你仍不夠通盤考慮整個退休狀況，而且你也未能充分控管財務生活。備妥一份穩固的財務計畫，你的恐懼在知識的閃耀光芒下，必能煙消雲散。（充滿詩意，對吧？）

● **沒有追蹤現金流。**你應該大致了解每月的收入及支出金額，以及開銷流向。如果你不了解，你就必須努力搞清楚，即使自認已經開銷有度。

● **知道自己有財務問題，但似乎無法控制支出。**就像酒鬼常講的：「我知道自己喝太多了，但就是無法戒酒。」雖然我說過，我通常不會建議人家去找專業顧問當教練，但持續嚴重有問題的人是例外，他們可能需要別人輕推一下，走入正確方向。回到健身房這個類比例子，有些人的確需

要與教練定期會面，只為了讓自己每週去健身房。同樣的，付費請人幫你保持誠實並按計畫進行，也很值得。

你看出其中一個警訊，並不代表你應拋下本書，奔向最近的受託顧問。看看這些模式。如果你發現不只一個警訊，而且一直存在，這時候就該坦承你力不從心，必須求助。

秤秤自己的斤兩

我在成長時期非常熱愛運動，相當擅長足球、籃球，在大學時期則是曲棍網球。我進了大學校隊，直到第二年背部嚴重受傷，運動生涯告終。坦白說，我的情緒失控，根本不知自己該怎麼辦，只好從美食中尋求慰藉。大三那年，我出國到倫敦遊學，一路吃遍歐洲，嚐過司康、可頌麵包、茄汁肉醬義大利麵、維也納香腸等，噢！實在太多了。我以前從來沒有體重問題，因為多餘熱量很快就會消耗掉，但這次回家後，我發現自己的體型有點太超過了。

大四開學時，我很厭惡自己。我在秋季之時，向身材纖細的兩名室友宣布，我要加入「慧優體」（Weight Watchers）減重機構。在第一次團體面談，輪到我首次站上磅秤時，感到焦慮不安，心臟砰砰跳，差點窒息。當下我選擇了逃避，但最終還

是回去站上磅秤，體重是 76 公斤，這是我生平最重時候。不過，看到數字的當下，我大徹大悟。明白自己需要減重，也下定決心去做。接下來幾個月，我身體力行，健康飲食並且鍛鍊身體，一邊聽著珍娜‧傑克森（Janet Jackson）的《控制》（*Control*），一邊狂騎健身車；室友們看到上頭的里程數全嚇了一大跳，「小施！」她們說：「這台該死的健身車快被妳一路騎到加州去了啦！」不誇張，真是如此，而且我的體重也真的下降了。

　　在我坐下來與客戶檢視他們的退休數字之時，常看到相同的恐懼和尷尬表情，有如第一次站上磅秤那樣。要承認自己陷入死胡同，實在很尷尬；一想到可能無法脫身，就很恐懼。正因為我的客戶心懷這類尷尬和恐懼，所以忽視了自己的財務問題。他們無法追蹤支出、拖延對於退休生活的思考及付出。他們自找藉口，告訴自己「數學不好」；而另一方面，卻又確信自己是專家，可以自行處理財務狀況，即使自己無能為力。

　　負面情緒有礙我們取得所需的財務建議。我們就是不肯向別人或自己坦承搞砸了一切。然後，我們在真正獲得諮詢時，偏又跌跌撞撞，一頭栽進介於財務顧問與銷售員之間的灰色地帶，而不是去了解如何評估別人說的話。如果你就是這樣，我對你的痛苦感同身受。就像某些女性客戶跟我說的：「比起走進婦產科做子宮頸抹片檢查，聽取財務建議簡直困難多了。」

我回道：「但我不會弄痛妳，也不冷漠啊！」可是客戶就是不願尋求建議。

　　別被負面情緒打敗。從日常生活往後退一步看，試著更客觀評估你目前的財務狀況。真的需要付費取得專業建議嗎？你考量那些警訊後，若還是不確定，就採取保守路線再尋求建議，縱使這會花點錢。要先找到真正以你利益為優先的顧問，然後找一位你覺得不錯的人，他的工作安排、服務費以及對金錢的整體觀念要讓你覺得合情合理，也能處理你所需的金融商品。就算你有能力自己處理，你不願意把時間花在喜歡的事物上嗎？即使我很擅長清潔，還是付費請人打掃房子；我寧可花時間和親友共處，或是騎腳踏車。厲害的財務顧問就在那裡！只要找到此人，就能改變你的生活。

　　什麼時候該花錢尋求專業的財務建議呢？最常見的一種警訊是當你一再地為錢而煩惱：常常擔心投資帳戶的餘額？擔心開銷太大而一毛不拔？錙銖必較每一個財務決策，讓你心力交瘁？過於投入某件事，多少都會影響個人的生活品質，但如果過度擔心或重視金錢，反而可能導致你做出可怕而且令你損失慘重的財務決定，這可就不僅只是生活品質降低的問題而已。接下來，我們要進一步探討把問題歸咎於金錢背後的原因，以及除了諮詢他人建議外，你還能做什麼，來解決問題。

蠢事•••3

過度重視金錢

　　每年要賺多少錢才能過上最幸福快樂的生活？ 30 萬美元？
40 萬美元？還是更多？

　　其實，不須這麼多。某項針對 170 萬人的全球調查發現：
收入介於 60,000 到 75,000 美元的人每天最快樂。對，這樣就夠
了！而收入大約 95,000 美元的人自覺整體生活最佳。[1]

　　金錢並非如許多聰明人想的那般重要。當然，若負擔不起
基本生活所需，日子會不好過，有了更多錢就能讓生活好過點。

1・Andrew T. Jebb, Louis Tay, Ed Diener, and Shigehiro Oishi, "Happiness, income satiation and turning points around the world," Nature Human Behaviour 2 (January 2018), https://www.nature.com/articles/s41562-017-0277-0.

可是一旦備足生活所需，又會有新的花費需要攢積更多錢財，壓得你喘不過氣。你可能享用新車、昂貴的晚餐和其他奢華精品，但也可能開始與他人比較，為了跟上他人強迫自己買更多東西。你永不滿足的惱人感折磨著你。你愛上了自己的生活方式，一想到尚不滿足或害怕失去所有，就壓力很大。你可能為了賺更多錢超量工作，忽視人際關係和生命中的其他要事。我以前的許多客戶都曾感嘆，收入僅有 10 萬美元的時候比收入高達三倍之時更加富足。我知道這看似很難相信，或許你甚至在翻白眼。但我反覆不斷聽到這類感嘆。

過度重視金錢，不但會讓人不快樂，諷刺的是，還會導致財務損失。如果我們開始高估金錢，就容易陷入泥淖且過度揮霍，對特定財務狀況做出低於預期水準的決策。我以前有個六十歲出頭的潛在客戶吉姆，他帶著一大捆有著四百頁試算表、以鉛筆標記整理好的退休計畫資料漫步進我的辦公室。吉姆已經研究好幾個月，仔細鑽研大約十幾種投資策略的數字，以求算出退休所需的收入金額。他研究共同基金，以及一大堆個股，同時還留存有現金。

他早知道正確答案，因為坦白說，眼前應用哪種退休計畫籌錢並非那麼複雜（請見第六章）。但是退休所需的一定金額讓他簡直嚇壞了，反而拒絕行動。吉姆想找到「最佳」股票和

「最棒」共同基金，很怕做出錯誤決定。所以他退而反覆研究分析，當成「不作為」的藉口。要是有合適的多元投資組合，他就有可能提早兩年退休，所以在他假裝弄清楚怎麼做才好之時，仍繼續從事壓力很大的工作。假如他在那段時間進行投資，原本可以賺進好幾萬美元，現在卻沒賺到。真是明智之舉？**當然不是**。

對金錢懷抱病態的依戀，可能會癱瘓一個人。我認識一位對財務斤斤計較的女性，因為怕被課稅，以致於不敢出售股票。等到她終於克服心理障礙，股票卻已經跌價，她損失了幾萬美元的潛在獲利，就只是因為她不想繳付 20% 的所得稅金給美國政府。我的另一位客戶也同樣為錢執著，拿房子借貸「期末整付式抵押貸款」（balloon mortgage，直譯為「氣球型貸款」），讓每月還款金更少，認為她能在可調利率「調升」前，將房子賣出。隨著歲月流逝，她不打算賣房子，而且也無法申貸二胎。她恰好忽略了一個事實——有一天，她的房貸利率會大增，而且每個月的還款金額會讓她吃不消。

事發前六個月，她終於留意並意識到自己必須賣房子。那時，她所在區域的房價已跌，原本價值 80 萬美元的房子僅值 60 萬美元。她被迫賤賣房子，僅剩 10 萬美元的資產，還不夠買另一間房子。

請別把金錢看得太過重要。要注意錢、尊重錢、欣賞錢，但別過分執著金錢以致於到頭來延宕必要行動，或做出違背最佳利益的輕率舉動。我知道告訴你冷靜下來想想，對我來說很容易，而你實際去做卻困難多了。我不能彈指幾下，就能促使你重新思考是否過度重視金錢；我也無法讓你坐在沙發上，深入研究造成你的個性或人生歷程的要素，看看可能有哪些事使你一開始就偏離正軌。我能做的是協助你辨識金錢何時占據你腦袋太多空間，並提供能讓你以正確觀點看待金錢的簡單策略。只要在這方面稍有進步，你就能撇開一大疊讓你苦思的研究，拋棄「期末整付式抵押貸款」，做出真正對你有用的財務抉擇。

我的 64,000 美元問題

我經常疑惑：為何有這麼多聰明人容易過度重視金錢？一如我的推斷，這是一個 64,000 美元的問題。不是因為無人知曉答案，而是因為我們對錢的感受及其重要性來自六萬四千個地方。之所以有過度重視金錢的傾向，原因太多而且錯綜複雜。

首先，我們許多人打從童年開始，就帶有一卡車的思想包袱，影響我們對金錢的行為方式。我將在第九章描述父母如何以自己的情緒問題強行介入，搞壞子女對金錢的態度。現在，且讓我們老實承認，父母的確有這種能耐，而我們可能就是受

害者，被父母灌輸「金錢萬能」這種概念。當你成了有這種世界觀的成人，就可能過度憂煩如何盡量積聚錢財，擔心自己的錢不夠，以致於犧牲人生其他樂事。

我們的童年環境也是影響因素之一。我朋友柯瑞娜是公立學校教師，薪酬不錯（包括一份很好的退休金，可支付她絕大多數的退休需求），對自己的一切極其滿意。她的兩名手足身價皆在千萬美元以上，不過她從不嫉妒，只替他們高興。

柯瑞娜的先生傑夫截然相反。他從事銷售工作，年薪大約20 萬美元，在他藍領階級的原生家庭裡，已經算是最成功的人了。柯瑞娜和傑夫年收入總計 30 萬美元，過著人人欣羨的舒適富足生活。但是傑夫並不快樂。金錢彰顯他的身分地位和自我價值感，對他而言實在太重要了。他拿自己與柯瑞娜的父母比較，他們比他和柯瑞娜還富有，所以他自覺還不夠好。由於他的出身背景，他必須以金錢和事業來證明自己。我用盡一切辦法，甚至為他備妥詳盡的規劃分析，證明他和柯瑞娜的資產應付 30~40 年的退休生活綽綽有餘。然而，他仍不認為自己「成功」，也無法停止拿自己與他人比較。

過去的創傷也可能造成我們過度重視金錢，或者至少讓我們的思維偏離有益的方向。我曾說過，當我還是小女孩時，得

知父親在交易市場輸得精光。那非常地可怕，打從那時起，我對錢很沒安全感，就算知道還有數十年才要退休也一樣。這樣實在糟透了，所以我下了一個主題標籤來形容自己：#懦夫吉兒（#JillsAWimp）。同樣的，很多人都知道經歷過經濟大蕭條時期大災難的人，終生都會瘋狂的省吃儉用和儲蓄。他們其實不需如此，甚至只要花些錢，生活就會更輕鬆些；但他們寧可多花 30 分鐘時間去大老遠的店裡，只為了買一杯便宜 50 分美元的柳橙汁！多花那一點錢，難不成會要了他們的命？

我們早期的生命經驗裡，若曾發生財務劇變，也可能造成我們強烈依賴金錢，並因此過度執著。吉姆·格魯布曼（Jim Grubman）是諮商師暨心理學家，客戶通常是富裕家族和他們的顧問。他注意到許多超級富豪客戶都生長於小康家庭；長大致富後，他們有如外國移民乍然來到陌生國度一樣，面臨相同挑戰。在某方面，這些新富豪可能為人吝嗇小氣，因為他們很難從情感上拋開困苦、匱乏的世界。或許這樣的世界已和他們的自我認同密不可分；或是親友仍在苦苦掙扎、自己卻生活優沃而感到內疚。總之，他們變得重財，即使早就富有到能買下整間連鎖美髮沙龍，卻仍然會剪下 3 美元的折價券來剪髮。

某些這類新富豪則走向另一個極端，他們**還真的**會將連鎖美髮沙龍全部買下，把以前窮困潦倒或身為中產階級時的價值

觀完全拋諸腦後，花錢如流水。格魯布曼注意到，他們花錢成癮，試圖填補早年破碎的成長經驗造成的內在空虛。正如來自「故國」的移民，為求融入環境，刻意消除自己的口音；同樣的，這類新富豪花錢不手軟，好支撐多年來沒有安全感的身分。

上述根本原因可能會扭曲你對金錢重要性的認知，還有精神狀況或焦慮煩惱也可能會讓你的執念和行為惡化。如同我一位心理學家朋友觀察的那樣，由於錢實際上對我們的生活很重要，也因此錢往往透露出我們的心理障礙，對錢特別焦慮。我看過不少人為錢著魔，不僅是過度在乎金錢，也來自於人類既有的恐懼。例如，2017 年秋天，全國熱烈討論大型的共和黨稅改計畫，我在工作場合遇到比爾，他把我拉到一旁說：「我能快速問你一個問題嗎？」

我說：「當然可以。」（附帶說明：這個問題無法快速回答，而且是在我上電視的中場休息時間提出，並非最恰當的時機。）

因為預定的稅務改革將限制紐澤西居民（也就是比爾所住之處）的州稅和地方稅減免程度，他擔心自己房子的價值將會暴跌。他告訴我：「因為我的財產價值可能下跌 10%，我昨晚都睡不著。」他提到這一點，眼睛底下的確有濃重的黑眼圈。

我說：「比爾，你近期內打算賣掉房子嗎？」

他聳聳肩，說：「沒有，我希望到死才離開這個地方。」

「那你幹嘛在意財產價值下跌 10%？」

他用疑惑眼神看我，說：「這件事難道不會困擾妳？」

「不！如果我有房子的話，未來幾年也沒打算賣掉。即使十幾年後我想賣掉，也不會讓自己落入一定得賣在特定價格才能讓自己財務無虞的境地。」我以堅定眼神看著他，說：「你看，我們沒人知道房市將來發生何事。所以，為何要讓自己胡思亂想？真的值得你失眠嗎？」

他看似非常不放心。我原本可以找一百個論點給他，不過他還是很擔心，因為他的恐懼沒有道理。他把金錢看得太重要了，導致壓力過大。任何焦慮對他來說都只是火上加油。

不僅比爾如此。在我錄製廣播節目的工作室裡，有一大片玻璃窗隔開我坐的包廂與工程師的工作區域。一整天下來，有些人不斷檢查自己的退休帳戶。他們平常可能不斷刷臉書或掛在 Tinder 交友網站上，但現在他們都在瀏覽金融資訊。基於某

種原因，他們必須盯著每個小型市場的波動，然後空想這對他們有何影響。他們鑽研每筆最新型的共同基金、自己持有的基金、自己認為應該持有的基金。總之，他們沉迷其中！我和同事在錄音室內看到這些景象，總覺得好笑。

你可能認為，廣電工程師薪水不錯且鮮少生活拮据，怎會如此瘋狂？你要切記，只要錢財累積超出某個程度愈多，體驗到的快樂愈少。一如格魯布曼醫師所言，他的超級富豪客戶經常飽受煎熬，幾乎快得了焦慮症，到頭來反而卡住了他們的財務生活。他們的症狀是「源自深植於心的一連串感覺，大多與焦慮有關。」[2] 舉個例子，他曾跟我說過一個故事，有位女性拒絕轉移巨額財富給成年子女，她恐懼萬分，擔心自己年老時沒有足夠金錢，擔心給子女饋贈反而消磨他們努力向上的動機。她的憂慮無法合理化自己的小氣吝嗇，反而引發極度的家庭緊張。她的子女無法理解她為何對他們這麼小氣，她自己的身價都已高達數千萬美元了！於是，他們開始懷疑她在金錢上不信任他們，或者更糟的是，試圖以子女看得到卻拿不到的錢來控制他們。她的丈夫氣到抓狂，試圖要她放手，但都沒用。

研究顯示，金錢特別會引發我們的焦慮，這跟大腦如何處理

2.根據作者 2018 年 1 月 22 日與格魯布曼醫師的訪談。

不確定性有關。在 2017 年和 2018 年，我很榮幸訪問米契 · 聖多里尼醫學博士（Mithu Storoni MD, PhD），她是一名神經眼科醫師，也是《預防壓力：保護大腦和身體的科學方法》（*Stress Proof: The Scientific Solution to Protect Your Brain and Body*）的作者。聖多里尼醫師引述一項有趣的研究，解釋了為何聰明人有時對金錢會犯下愚蠢舉動。英國研究者要求參與者觀看螢幕，去預測找出潛伏在石頭之下的蛇。（只要聽到與蛇有關的事，我就全身起雞皮疙瘩，但這個故事很酷，所以且讓我們看下去吧！）如果參與者找到一條蛇，就有一條電流擊中他們的手，引發痛覺。（我知道，光蛇就夠嚇人了，居然還加上電流！）就算參與者不怕蛇，只要發現蛇就會怕被電擊。在參與者覺得可能出現某條蛇之時，研究人員以圖表記錄參與者的壓力變化程度。

你可能認為，如果參與者知道找到蛇的可能性更高，他們的壓力會最大，但情況並非如此。聖多里尼醫師說，在參與者發現找到蛇的機率有一半時，壓力程度達到顛峰。對於參與者而言，比起已經確定將要受苦，**不確定**是否將要受苦反而壓力更大。[3]「不確定性」本身顯然就讓人相當有壓力！

3．根據作者與聖多里尼醫師 2017 年 8 月 29 日於紐約的討論，以及 2018 年 2 月 2 日的電話訪談。她跟我說的研究出自：Archy O. de Berker, et. al., "Computations of Uncertainty Mediate Acute Stress Responses in Humans," Nature Communications (March 29, 2016), doi: 10.1038/ncomms10996 l www.nature.com/naturecommunication.

聖多里尼醫師描述的這項實驗和相關研究，讓我大吃一驚，因為我們的財務生活充滿著不確定性。即使是有好工作且銀行戶頭有錢的人，也可能因為察覺到未來財務生活的不確定性，而覺得很有壓力且極度焦慮。這種不確定性加深了他們對金錢可能有的任何焦慮，導致他們對金錢過度執著，以致於把自己和身邊的人逼到幾近崩潰。追根究柢，原因在於他們根本就有過度重視金錢的傾向，賦予金錢太多無謂意義。

讓情況變得更複雜的是，人際關係問題可能疊加在深層焦慮之上，不但造成我們過度思考金錢，還出現各類怪異行徑。

我的客戶伯尼有次來我辦公室坐坐時說：「吉兒，我跟妳說件事，別告訴我太太。」

哇，好濃的警告意味。

原來是伯尼在三個不同場合各開出約 25,000 美元的支票，幫助他已成人的兒子。這孩子沒惹麻煩，但是想買車，也需要錢付帳單，所以，一如既往，他又向爸爸求助。伯尼給錢之前沒先問過太太，她一無所知。我建議伯尼讓他太太（姑且叫她「雪倫」）知道這件事，於是某天他在我辦公室裡跟她說了。雪倫抓狂了。他怎能不先問過她就給這些錢？但情況愈來愈糟。

伯尼還招認他以「401（k）退休福利計畫」額外貸款 5 萬元，給他兒子買房子。他總共給了兒子 125,000 美元；他們夫妻的淨資產是 200 萬美元，這不是一筆小數目。

雪倫坐著生悶氣，伯尼解釋：「我沒問妳，是因為妳從不答應。」

她的臉脹得更紅了。「去你的，我就是不會同意！」

男人怎能這樣背叛妻子？他們的關係出了什麼問題？也可能是伯尼自己心態異常，迫使他隱匿金錢用途？再者，什麼原因促使他沒來由地幫助兒子到這麼不理性的地步？（以「401（k）退休福利計畫」貸款，並非明智之舉），甘冒退休存款風險讓他兒子在原本可以輕鬆租房時買房。我實在不懂，只能讓伯尼、雪倫和他們的心理醫師找出原因。

好消息是，他們真的找出辦法了。如同某些婚姻出軌的夫妻在事後仍舊維持關係，伯尼和雪倫也足以忠誠堅定、彼此相守，試圖透過挑戰一起成長。短期內，伯尼讓他太太完全掌控資產。信任重建之路艱難無比，需要他多年努力。不過，談到對錢念念不忘而賦予太多意義，現在有個相當重要的問題……。

是否對錢太過耿耿於懷？

你可能揮揮手說：「不會，當然不會！我絕不會像伯尼一樣做出這種事。」你會大笑：「拜託，吉兒，我不像那些人。」

你確定嗎？不健康的思想最弔詭之處在於：人們通常沒自覺。沒錯，伯尼在某種程度上可能知道自己做了不尋常的事，而坦白說，沒先問過他太太，實在有夠笨。但我同事比爾徹夜難眠，就只是擔心房價可能下跌，他肯定沒有意識到自己的荒謬行為。同樣的，你可能認為拖延幾年才投資股票很正常。你保住所有現金，用各式各樣的理由不投資，像是「時機不對」、「我還沒想出把錢投到哪」等。猜猜怎麼著？**這根本不正常**。你可能會認為，就算你沒有任何財務風險或其他需要仔細檢查花費的必要，但追蹤每一分錢的流向是很正常的事。我再次重申，**這並不正常！**

我們必須盡量覺察自己對錢財的態度和行為，辨識自己是否過分擔心金錢，以免發生嚴重傷害。以下是我提出的五大項警訊，看看你是否把錢看得過分重要了：

- 你有不願告知配偶的金錢祕密。
- 你定期為錢失眠（例如：一週一次或更多）。

- 你敬重的人不止一次說你很常提到金錢（他們懂什麼？對吧？）
- 在財務方面，你表現出完美主義者姿態。比方說，你要通盤了解所有細節、盡量與所有專家討論過後等，才肯放心投資。
- 你不斷拿自己與他人的財務狀況做比較。知道鄰居「滾床單」次數比你多，真的有幫助嗎？知道鄰居是否賺的比你多，也同樣無益。

　　我還可以說出一大串警訊跡象。只要隨便想想就有！以下多列五項：

- 你每天或甚至每週定期核對自己的帳戶。（備註：我是靠這些金錢煩事維生，不過我每個月只核對自己帳戶一次。）
- 發現自己工作時反覆思考財務狀況，不停詢問同事以求安心。
- 過度思考自己的預算，即使財務狀況還不錯。這就像曾經需要減肥而現在不需要的人（誰？我自己嗎？），看到好吃的塔特（Tate's）巧克力脆片餅乾，依然計算著每份有 70 卡。你算這個做什麼？
- 無法把錢拿來享樂，即使已計畫如此。我有些客戶即使有足夠預算也不願度假。他們說想省更多錢。我說：「傻瓜！」

● 不斷改變財務目標。比方說，你仔細計算數字，決定賺到
　300 萬美元就退休，而當你賺夠了錢，卻改變決定，要 500
　萬美元才退休……以此類推。

　　這些行徑是否讓你倍感熟悉？誠實點吧！我會幫助你。不
過你要從實招來，否則我無能為力。

正確看待金錢

　　我要強調，這裡要說的利害關係可能影響不小。在 1990 年
代中期，我曾與某位工程師合作，他以前的財務顧問說，要他
把 70% 的投資分配到股票，其餘部分則是分到債券。他太害怕
投資了，總覺得帳戶要留一點錢，生活才會快樂美滿，他光是
想到虧錢就難以忍受，就算只占一小部分。於是，他把錢全都
存成現金。他來找我，想知道有沒有其他答案，而我沒有給他
不同答案。我反覆告訴他：他需要擺脫現金，投入多元投資組合。
如果他不願忍痛一試，可以每月慢慢投入一定比例的錢來運作，
也就是俗稱的「平均成本法」（Dollar Cost Averaging，DCA）。

　　多年過去，他依然拒絕這個建議。在 1990 年代末期，股市
開始大漲，他終於明白自己過去太執著於規避風險，所以大膽
進場，把全部 30 萬美元的投資組合從現金轉為成長型股票。他

朋友都變成百萬富翁了，他怎麼會錯失良機呢？

　　但是，很不幸的，科技泡沫即將破滅。泡沫吹破後，他的
30 萬美元只剩三分之一的價值。這讓他快瘋了，他賣掉所有股
票，重新抱著現金。他下定決心不再投資，而他的確不再進場。

　　如果這位客戶不這麼關切帳戶餘額，極力排除一切風險，
卻把其他事情都忽略了，他就能遵循一套長期多元的策略，將
總資產的一小筆金額分配到股票裡。如此一來，他有可能維持
良好狀況。當然，網路熱潮泡沫化時，他可能損失一些錢，但
由於只分配一小部分到股票，這種損失他還能承受，而且足以
長期維持原來的計畫至股價回穩，獲得新收益。他把金錢看得
極度重要，但最終並沒有阻止他投資，反而妨礙他以計畫性的
方式來賺錢。造成的結果是他實際的損失和機會成本高達成數
十萬美元，還會持續多年，甚至可能長達數十年。

　　面臨攸關利害之事，你真的得花點時間開始省思、導正心
態。那到底該怎麼做？很高興你問了這個問題！首先，如果過
分重視金錢會讓自己陷入困境，你要化阻力為助力擺脫困境。
我和客戶合作時經常發現，只要按按數字、提出一份計畫，就
能給人一種安心的控制感。上一章我曾說過以前對體重數字有
多麼緊張，怕到不敢站上磅秤。但是當我真的站上磅秤後，減

重計畫在我腦海成型，這讓我覺得好多了，也更有能力面對有點過胖的事實。如果過度執著於金錢或生活方式，因此延宕了儲蓄退休金或子女學費，只須硬著頭皮精心計畫。別太勉強自己提出「這項」計畫，臨時性的計畫對當下來說也就夠了。備妥計畫、開始實施，你所引發的衝勁感可能讓自己嚇一跳。

　　第二項策略是朝著目標小步前進，拉自己一把。協助那位不願給子女金錢的女性富豪時，格魯布曼醫師沒有施壓，也不催促她立即交付給每個子女一百萬美元。他問她覺得適宜的最小支付金額是多少？並以此為開頭。她的答案是一萬美元。一旦她餽贈這筆金額，就能看到自己的世界並未天崩地裂。這樣的成功可能激勵她餽贈大額款項，隨著時間過去，就能緩解她的潛在焦慮。面對不確定性就慢慢著手進行，可以顯著減輕你的壓力，給你全新的力量和控制感。

　　第三，請當一個「善良的混蛋」。換句話說，若你遭遇財務困頓而滿懷疑問，要對自己好一點。格魯布曼醫師告訴我，處理人們的金錢相關問題時，他會先顯露出同理心，讓他們知道他懂。你也可以為自己這樣做。坦承憂慮和說出你的真實感受。承認自己很難斬除類似的思考和行為模式。讚美一下自己的努力，只要達成原先不可能實現的睿智財務決定，就慶祝一下吧！

但別只是對自己太好。若抓到自己犯下相同的愚蠢理財錯誤，要溫柔而堅定地推自己一把，造就自己繼續向前的改變，並挑戰自己行為裡根深柢固的假設和觀感。要對自己直言不諱，老實說出所作所為（換成是我，會直接飆罵 F 字，但這看個人，並非必要）。對自己要混蛋一點，當一個**善良**的混蛋，把自己的最佳利益謹記在心。

第四，深切自省。別只注意你過度高估金錢的價值及其造成的不健康行為模式。挑戰自己，盡可能充分了解你的金錢煩惱。如果你懷疑自己被童年以來的慣性思考方式困住了，去仔細回溯你童年。你的父母很著迷於金錢嗎？他們或其他家人是否用金錢當作獎懲手段？父母其中一人是否要你為錢向另一人說謊？是否用錢表達愛意？你是否經歷錢財相關的特殊創傷？這只是幾個你可自問的問題。你最近可能不再想起久遠過往的經驗，但藉由探索這些經歷，可以為你現在的行為提供新的視角，並能轉而提升阻斷這些不健康行為的能力。務必也要檢查並處理你生活裡的其他壓力源，譬如，不健康的關係或不良工作情況，因為這些也會讓你不健康的財務習慣惡化。

第五，傾聽你內在的小聲音。有時候，我們被無益的行為困住了，對正在做無益的事心裡有數，卻無法停下來不做。要習慣自問：「我的所作所為是否**真的是**對我最有利嗎？」聆聽

浮現你腦海的聲音：「我應該好好追蹤金錢流向，不要奢侈浪費」、「我不該太寵小孩子」或「我不該背著父母提領共同帳戶的錢」。招認自己的不良行為，讓其成為你心中的首要大事，然後，運用「善良混蛋」的建議，採取行動去改變行為。

第六，請第三方協助你。理財規劃師可以擔任第三方，但如果你要處理核心的心理或關係問題，可能需要治療師幫你探索過往經歷，辨識並了解你的不健康思考方式，以及給你改變行為的建議。治療師也能支持你走過長期的改變過程，激勵你堅持下去，並在動搖時穩住你。

金錢最棒是「夠用」

我已強調，滿腦子想著錢所需付出的財務代價；而這個代價遠遠超乎你的想像。過分在乎金錢可能榨乾你的生活樂趣、惡化人際關係，還可能壓力過大而危害身體健康。在許多方面讓生活更艱難。若不加以遏止，對金錢的過度憂慮不會消失，只會日益加劇，導致你做出愈來愈糟的決定。

另一方面，平衡地看待金錢，可帶來深遠長久的幸福。我朋友喬安經營一家小型美髮沙龍連鎖店，出身單親家庭的她，小時候家境貧困，被迫勒緊褲帶過日子、錙銖必較，也無法負

擔同學擁有的奢侈品。喬安長大成人後,決心過上好日子,向世界宣告自己「成功了」。她非常努力工作,憧憬自己飛黃騰達,總是叫嚷著想要更多。她還想「看起來像」大老闆,開名車、穿昂貴的衣服、住在裝潢精美的豪宅裡。

她如此執著於財務成功,試圖在每天的生意往來中,為自己攢下每分錢。她認定每名員工和廠商(甚至客戶)都想占她便宜,因為母親總是告誡她:「妳最好要保護自己,因為沒人會保護妳!」這樣的態度讓她有時表現得很差勁,對待美髮師非常小氣,小小誤會就與長期合作的廠商斷絕往來,漠視客戶提出的合理申訴。

有一天,她最得力的美髮師把她拉到一旁,說要離職自行開業。喬安非常震驚,跟美髮師說:「我不懂,你在這裡已經有自己的基本客群了,可隨意來去,也賺了不少錢,為何想離開?」

美髮師說:「嗯,首先,妳對我錙銖必較,毫無道理。說真的,喬安,妳到底要賺多少錢才夠?每年多幾百美元,值得嗎?」

喬安無法接受美髮師的批評,不認為自己小氣自私,她只是個精明的生意人。那天晚上,她向先生抱怨美髮師,期望他會贊同自己的觀點。但他反而站在美髮師那邊,傾聽妻子抱怨

後，淡定地說：「親愛的，她說得沒錯。」

喬安哼了一聲。不過，她後來告訴我：「當下我才發覺，我不是我母親，我需要改變，讓自己更快樂，才有辦法生意興隆。」

從此，喬安對財務狀況泰然處之，真是令人開心。她領悟自己太過看重金錢，不再努力積聚精品來否定自身的童年經驗。一旦她擺脫舊有消費習慣，她發現自己不再滿腦子都是錢，也不再緊盯自己有多少身價。這反過來促使她改變待人接物作風，她不再需要斤斤計較。

她對於生意成敗的態度，也變得較為淡然，不再把盡量賺入每分錢視為理所當然。相反的，她思考哪種生活方式會讓自己最快樂，以及每年需有多少收入才能支持這樣的生活風格。與其精打細算竭力保守最後一分錢，能夠賺足所需來維持自己想要的生活，放棄無謂之事來享受閒暇時光，她已相當滿足。同行企業家要她多開幾家沙龍據點，她聳聳肩說：「你知道嗎？我不想要有壓力，生活就是要盡情享受。我擁有的已經足夠了，我很快樂。」

你能說出相同的話嗎？你知道自己需要多少錢才夠？若你懷疑自己可能把錢看得太重，請採取前面六個策略來處理。若

你認為自己並非如此，但很納悶自己為何不會更加富裕快樂，那麼請深入內省自己對金錢的態度和行為；在這方面，你可能不若自己想的那般健康。

很多人只要被金錢所困，就容易畫地自限而讓自己更窮。漸漸地，他們的行動限制了自己的人生。在本章開頭的故事裡，吉姆執著苦思了兩年時間，只持有現金，而錯失了好幾萬的潛在投資收益，反而讓自己幾乎沒有退休選項可用。一如本書所言，明智的財務決策通常有助於我們保有選項，而糟糕的決策則會讓人沒有選擇餘地。

下一章，我們將探討常見的陷阱，即使是最聰明的人也會失去選擇的自由。許多人以為花錢上大學可為自己或子女創造極佳的新機會。通常是這樣沒錯，但如果花太多錢上錯大學，畢業後只會留下無盡的夢魘，像是被迫與父母同住、從事自己痛恨的蹩腳工作，如果我們身為父母，還可能被迫延後退休年紀。現在讓我們一起來檢視高等教育的財務陷阱，學會如何選擇學校，讓自己或子女能有更好的職業，同時又不會摧毀我們的財務。身為聰明人，面對高等教育，當然也要有聰明的選擇。現在正是時候！

蠢事•••4

背負過多學貸

　　從前我有個點頭之交，名叫布魯克（Brooke），她長得很像已故歌手珍妮絲・賈普林（Janice Joplin），有著一頭糾結的長髮，身穿迷幻嬉皮服飾，也很喜歡抽大麻，不過，當我要求她列出每月開銷，她倒是勤勞地記帳。到了三十歲，她振作起來，成為美國中西部一家大型消費產品公司的企業經理，薪水十分優渥。這時，麻煩卻開始了。

　　在拿到這份重要工作之前，布魯克已買下一間兩房公寓，背負可觀房貸。這間公寓需要整修，又不是位處絕佳社區環境，但布魯克很喜歡，而且這是她唯一能負擔得起的房子。她住進公寓一年後，認識了一個不錯的女人名叫克莉絲（Chris），兩人相戀，不久就像一般故事進展，她打包搬家和女友同住。兩

人在郊區另外買了一棟三房的牧場風格獨棟房,因為對於她們、克莉絲的女兒和兩隻不可缺少的狗來說,布魯克的公寓實在太侷促。布魯克沒有賣掉公寓,她認為可以把公寓出租作為投資之用,結果卻事與願違。由於她還得支付一大筆大學和 MBA 企管碩士學位就學貸款,儘管年收入 15 萬美元,布魯克卻付不出公寓的每月還款金。我認識她的時候,她的信用評分已經嚴重不良,被債務淹沒,瀕臨失去公寓的邊緣。

有太多聰明的成功人士犯下錯誤,背負過多大學學貸。美國人欠下的待償就學貸款將近 1.4 兆美元,而透過政府優先就學貸款計畫借款的人,其中有 40% 拖欠還款或不履行債務。近幾十年來,被巨額貸款重擔壓垮的人數急遽增加。根據布魯金斯學會(Brookings Institution),在 1992 年,只有 2% 借款人背負 5 萬美元以上的聯邦就學貸款;2014 年變成 17%;2017 年,借款人平均欠下將近 35,000 美元的貸款,這個數字遠比十年前高出 62%。

所有的這些過度借貸,無疑都會造成可怕後果。有些人像布魯克一樣,沉重的債務負擔,讓她無法追求隨後出現的事業機會或投資機會。有些人身負如此沉重的月貸款還款金,只得無奈做自己討厭的工作(通常身兼數職),或把退休年紀往後推遲許多年。我有個朋友原本在非營利組織從事環保法律工作,這份工作十分令人振奮,又很有成就感,不過在她四十多歲時,

卻被迫離職，轉任令人鬱悶卻高薪的企業律師工作。由於她每月須付就學貸款還款金，退休儲蓄只好往後延一大段，又遇到先生被公司解僱。在大型律師事務所賺大錢，變成是她眼下唯一的選擇。

有些欠下大量就學貸款的人，甚至三十歲還被迫與父母同住（對父母和子女而言都不是好事），或是延後買房、建立家庭等。還有些人被迫犧牲生活品質，不能度假，也不能買新車。就算雇主給的薪資較低，考慮到財務基礎脆弱，況且還有不少隱形開銷，他們只能無奈接受，不敢討價還價。在一項針對職場專業人士的研究中，80% 背負就學貸款的人，認為債務是「重大」或「非常重大」的壓力來源。就連一些高中生都會擔心上大學後就得背債。一個高二學生說：「一想到大學學貸，我就頭皮發麻，快要抓狂。」調查研究發現：債務愈高，幸福（包括身體健康）愈低。如果你已身為父母，年約三四十歲，仍需擔心就學貸款還款，必須想想你的財務壓力可能對子女造成難以形容的影響。就學貸款造成的問題四處滋生蔓延，充滿許多令人想像不到的危害。

雖然重述這麼多令人震驚的例子，我卻不是在質疑高等教育的價值。大學學位能夠創造驚人的好機會。比起只有高中畢業的人，具有大學學位的人可享有較高薪酬，失業率也較低。

根據一份研究，大部分學校授予的學士學位，可使個人年度收入增加 6,500 美元，在三十年的職涯中，這個「薪資溢酬」的總額可達 20 萬美元。我本身非常幸運，可以上一所很棒的學校——布朗大學（Brown University），畢業時不用背負大學學貸，因為祖父母留下一筆錢，幫助妹妹和我完成大學學業。在我職涯的某些時間點，都受到學位的助益。

然而，過去幾十年來，教育費用水漲船高，個人高等教育的整體價值已大幅削減。也就是說，根據個人所追求的財務狀況和職業期望，你必須要更努力工作，才可確保自己所求的學位是有意義的。許多聰明人都沒考慮這點，就認定所有大學學位或專業學位都值得不惜代價換取，而事實並非如此。在許多實例中，這些人背負債務，反而關閉了自己努力創造的機會。

如果你是個聰明進取的高中生，想要取得大學學位，或你已離開職場，想要重返校園拿到碩士學位，拜託你一定要閱讀本章。若你是學生家長，那麼請關掉《冰與火之歌：權力遊戲》（Game of Thrones）或《王冠》（The Crown）等影集，拉一張椅子過來，因為我雖不是父母，卻有重要訊息要宣布：我們必須好好談談。子女要求上昂貴的私立大學，你點頭答應的時候在想什麼？讓子女生活在貧窮裡，就只為了上一所昂貴的二流、三流甚至四流的私立大學，是你們家庭無力負擔的，值得嗎？

硬擠出一筆錢，獻給你們無力負擔的學校，而不存入自己的退休帳戶，只是在連累自己的未來，這樣值得嗎？

好好想清楚，拜託！

我有一個朋友芭博（Barb）來自羅德島（Rhode Island）打電話告訴我一個好消息：她女兒凱莉（Kelly）決定要就讀佛蒙特州聖邁克爾學院（St. Michael's College）。我說：「哇，凱莉不是要上羅德島大學（University of Rhode Island，URI）嗎？」羅德島大學是俗稱「海洋之州」（羅德島州別名）的大型州立大學，年度總費用（包括生活開銷）大約是聖邁克爾學院費用的一半。

她說：「原本是這樣，但她真的很想去聖邁克爾。」

我問：「為什麼？有什麼原因嗎？」

朋友回答得不是很清楚。她咕噥著一些話，說凱莉真的很想去唸其他州的學校，想認識更多不同類型的朋友等。

「妳知道自己負擔不起聖邁克爾學院吧？」

她說：「我們知道。凱莉要辦就學貸款。」

時間快速推進四年。凱莉從聖邁克爾學院畢業，主修人類學。她試圖在大都會地區找工作，儘管成績十分優秀，卻不得其門而入。畢業後不到一年，她便搬回羅德島與父母同住。幾個月後，她的確找到工作，可是，她身負 7 萬美元就學貸款，現在必須開始償還利息。她是因為聖邁克爾學院學位而找到工作嗎？不是。她父親在金融界擔任中階職務，運用自己的人脈，讓她在當地銀行找到了一個入門階級職務。

想想這種情況。如果凱莉忍著點，前往羅德島大學就讀，她父親最後可能也是運用人脈，讓她得到與現在**完全一樣**的工作。她總共累積了 7 萬美元的貸款，還可能耗費數十年才還完，為什麼？這就像花 6 美元在全食超市（Whole Foods）購買「蘆筍水」（Asparagus Water），事實上你可以自己在家拿水壺裝水，然後放進幾根不過幾分美元的蘆筍嫩莖，靜置一下即可。誰要花那個錢？

切記，聰明人自己和家人不只遇到大學會繞不過去，遇到研究所也一樣。我另一個朋友的兒子名叫文斯（Vince），是普林斯頓大學班上第一名畢業，卻不知自己該做什麼。所以他做了每個初出茅廬，日後將會成大功立大事的人會做的事：跑去

念康乃爾大學法學院（Cornell Law School），然後一邊念一邊痛恨待在那裡的每分每秒。

文斯畢業後與大學好友合夥，開了一間新創創投公司。事實上他根本不需要法律學位就能開公司，而且他也不願意從事律師工作。三年的康乃爾法學院學費加上生活開銷，一共耗費25萬美元。假設他把這三年拿來從事入門的初階工作，年薪5萬美元，把這些都列入計算，加上他過去混法律學位的日子，總共耗費了他與家人至少40萬美元。最後卻一無所得。

為何聰明人要做出這類愚蠢之舉？有不少原因。首先，許多學生和家長沒有通盤徹底思考他們對高等教育所做的決定。當我聽到，有人花費超過7萬美元，就只為了能夠到外地就讀「外州學校」，很顯然他們沒有想清楚。同樣的情形，當我得知，有人去唸商學院或法學院，不是因為想在相關領域大展鴻圖，而是因為「將來不論做什麼，念書都是很好的磨練」。

我曾遇過一些家庭，他們慎重考慮，再三研究明年的度假，思考的時間比決定大學選校還久。想著大溪地的白色沙灘，或是在 AirBnB 訂房網站找到雅緻的左岸公寓，實在太吸引人。而計算聖邁克爾學院與羅德島大學兩者的學費差距？可就沒那麼好玩了。研究如何申請聯邦貸款，資助你完成教育？甚至更無

趣。但人生不全是享樂遊玩而已，而且我們正在討論你的（以及你子女的）財務未來。親愛的各位學生，接下來二十五年，你是否願意每月支付 500 美元的就學貸款還款金，只因為你匆匆散盡家產，投入昂貴的私立學校，沒有經過適當的成本效益分析？親愛的學生家長們，你是否願意延遲十年退休，只因為未曾事先進行適當的成本效益分析？

我認為不該如此。

可能得不到「四通八達」的人脈，而是「處處受限」

就算學生與家長確實徹底花時間思考高等教育的決定，卻常常高估了美國昂貴私立大學的價值，因而走錯了路。我總是聽到這樣的話：「進入名牌學校很重要，因為畢業之後會為你敞開大門。」某些學校的確足以敞開大門，高昂學費就很合理。若你或子女錄取常春藤聯盟學校，或是諸如史丹佛、芝加哥大學、麻省理工學院之類的前二十名學校，進而背負巨債，利用這些學校的校友人脈，發揮神奇力量，可能非常合情合理。如果你的家庭收入落在 25 萬美元以下或大約在這個數目，大多數這些機構都有大量捐款，可為你或子女提供必要的就學資款。但是其他二三流的名牌私立學校無法提供充足的黃金人脈，也無法提供足堪相較的獎助學金，那麼，負債就讀可不是一個好交易。

　　我認識一個聰明有企圖心的年輕人傑西（Jesse），他上了大學，然後在一家醫療器材製造商行銷部門求得一份很棒的工作。他一路打拚，幾年後升任中階經理，卻決定想要進入投資銀行領域。為了轉職，他攻讀企業管理碩士，在波士頓近郊註冊某個學程，那間學校充其量只能算是中等水準。畢業後，他試了好幾個月，想進入紐約都會區任何一間投資銀行工作，但就連面試的機會都沒有。沒人在乎他攻讀了什麼特別的企業管理碩士學程，畢竟又不是哈佛商學院或華頓商學院。對那些菁英雇主而言，那只是「泛泛大學」而已。最後他終於獲得面試機會，卻是攀親帶故，借助遠房親友之力，才好不容易拿到。對於傑西而言，找工作過程基本上就像是一場 DIY 全部都要自己來的提案，卻在教育費用上花大錢購買了全套服務。

　　這裡有個我們極少願意承認的髒髒小祕密：大多數聰明成功的家長，都早已有人脈，可供子女運用，所以他們必定會花時間挑選負擔得起的大學。我認識從名聲響亮的常春藤聯盟學校畢業的年輕人，成績傑出卻還是找不到工作，借助親友之力才找到工作。大家也要想一想，就業市場在近幾十年已發生變化。過去在約翰・F・甘迺迪（John F. Kennedy）當總統的時代，那時巴布・狄倫（Bob Dylan）才剛發行首張同名專輯，只要憑藉學校品牌，擁有學位，對於找工作可能很有幫助。在我們這個唐納・川普（Donald Trump）和布魯諾・馬爾斯（Bruno

092 The Dumb Things Smart People Do with Their Money

Mars）的時代，這招倒是不太管用。實際的工作經驗遠比以往更加重要，雇主尋求的是要有能力展現「軟實力」（soft skills），例如：問題解決能力、協同合作能力或創造力等。

關於「工作經驗遠勝學術門第」已經有相關的研究。全美大學和雇主協會（National Association of Colleges and Employers，NACE）發布年度調查，詢問雇主最想尋找的新人特質是什麼。當雇主從兩個資歷相近的人挑選，最看重哪項特質？在2018年，雇主第一選擇的不是應徵者的大學母校，而是應徵者是否曾在雇主的企業實習，第二選擇則是應徵者是否曾在這一行實習過。在這項調查裡，應徵者的母校其實僅占重要因素的**第九名**。在多數情況下，雇主想要的只是你展現自己具有技能，可實際做好這份工作。過去頗受推崇的「名校情結」反而變得較不引起雇主的興趣。所以為何要花大錢唸名校？

選擇大學務必親子溝通

然而，這麼多才智非凡的學生深陷債務，另一個原因則是：**父母沒有阻止**。不論子女多麼聰明，關於家庭能夠負擔得起什麼，家長通常沒勇氣向子女誠實告知。過度成就導向的父母，覺得必須做到一切，確保子女幸福美滿又成功。若做不到，就是差勁父母，或自認為是壞父母。我常聽到：「我就是不能對

孩子說『不』」。這些父母自己出身名校，所以無法拒絕子女享有相同特權。他們有的假裝家裡可以負擔得起這個機會，把自己老後的未來拿去支付學費帳單，有的沒有積極介入子女的學貸，造成子女未來的傷害。他們說：「我父親賺的錢比我現在賺得還少，但即使計算通膨，他那時也有辦法支付我在賓州大學的四年學費。所以幫孩子付學費有什麼難的？」我告訴你為什麼：打從你在費城西區拿到學位起，學費已經因為平均通膨，成長為大約兩倍。

關於家庭能負擔多少教育開銷，有許多原因讓父母不敢對子女說真話。或許你不知為何搞砸了自己的事業，經濟變得拮据，深感難為情，所以不想坦承面對自己或子女。或許，你可能犯下本書十二件蠢事之一，不認為自己是子女的理財好榜樣。你自覺缺乏權威，不敢嚴詞以對，拒絕子女對教育的要求。也或許你和配偶對大學之事意見分歧，所以決定乾脆不要談，反而輕鬆。或許你懶散慣了，搞不清楚家裡能負擔多少教育費用。

不論情況是什麼，若只是為求家庭和樂而點頭附和，大概對你和子女都沒有好處。我的客戶安妮（Anne）是三個小孩的單親媽媽，住在費城郊區，在捷豹汽車（Jaguar）經銷商擔任汽車銷售員，年薪 12 萬美元。她的小孩在十二年級（台灣學制高三）之前全都上公立學校。等到該上大學，她沒有多花時間思

考，也沒坐下來與他們好好談話，沒有告訴子女這個家庭的教育負擔程度是多少，也沒有以此為基礎決定後續作法。

　　她最大的女兒上了大學，幸運的是，女兒不需背負過多債務，大約只有 2 萬美元，因為安妮承擔了大多數的帳單費用。然後是第二個小孩，兒子也要上大學了，他的學貸借得比較多，大約 6 萬美元。你看，安妮並未充分規劃，沒把自己的開銷能力納入潛在風險考量。當她的兒子唸大學唸到一半，高端汽車市場緊縮，而安妮拿回家裡的錢幾乎在一夜之間短少了將近 25,000 美元，唯一的方法就是提高就學貸款來彌補差距。

　　兒子背負的債比女兒還多，安妮覺得有罪惡感，所以告訴兒子會幫他還債。聽聞此事，我幾乎失去理智。我問：「妳怎能這樣做，妳負擔不起！」安妮後續犯下的大錯，太糟糕、太可怕，我要用這章接下來的所有篇幅討論這件事。後來她從退休帳戶借了 5 萬美元，償還兒子的貸款。哎呀！然後是第三個孩子，也是女兒，到了高中畢業階段。可以這麼說，家裡已經在寅吃卯糧，無力供她唸大學，但安妮無法對女兒說別去上學。於是女兒註冊入學，成為家裡的就學貸款冠軍，債務高達驚人的 105,000 美元。

　　最小的女兒唸大三時，安妮的薪水又經歷另一波裁減。她

無力負擔，人生必須重新開始，從事另一種工作。到頭來她不得不賣掉房子，搬到佛羅里達某個小鎮，生活開銷遠低於費城郊區水準。之後，她找到新工作，擔任醫療器材銷售代表，穩定了自己的財務狀況。不過，由於她挖了自己的老本與非退休存款，也由於她決定一併還清小女兒的貸款，最後還得多工作十年才退休，遠比原先的退休計畫還晚，而且只能僅靠較少的退休收入度日，與原本計畫截然不同。

如果安妮能夠誠實面對自己，告訴子女家庭能夠安全負擔的程度，而且在子女高中階段之時，能坐下來與子女個別談話，調整他們對大學的期望，安妮整個財務未來便能有不同的面貌。她就能領悟到：雖然貸款可使三個孩子獲得私校教育，對家庭而言風險卻太大。她或許可以決定僅資助子女州立學校教育；或者，如果他們堅持唸私校，她可以讓他們分擔責任，尋找獎助學金。

對於子女的個別需求和願望，她也可以依個別需求提供經濟支援。如果子女特別認真讀書，或許可讀較昂貴的私立大學；喜歡交際泡酒吧，只要上公立學校就夠了。誰說子女之間上大學也要求平等？

重點是：若安妮能夠考慮周到，運用不同的策略，而且誠心溝通，三個孩子在大學畢業後，或許都能找到相當的事業機

會，不必負擔那麼多債務，整個家都會過得比較好。

蠢事 4（a）：認為先付學貸，再存退休金

　　讓我們來仔細看清楚，安妮從退休帳戶取出錢，支付子女的大學費用，她所犯的史詩級錯誤。在某種程度上，我了解為何她這樣做。如果你是在學子女的家長，你可能傾其所有，為子女付出一切，引以為傲。你可能利用 529 計畫，儲蓄子女大學教育費用。事實上，你可能就是這麼好的家長，於是在分配儲蓄款項之時，你會把子女的教育列為優先，其他的財務目標都要往後退，包括退休金。

　　許多人的思考和行為都是這種模式。最近一份研究發現，有將近一半的美國中年人「願意過度擴張自己的財務」，幫助子女過更舒適的生活。有將近 20% 的人願意借六位數字的貸款，資助子女上大學。有更多的中年父母已經借貸了。根據消費者金融保護局（Consumer Financial Protection Bureau，CFPB）一份報告顯示，截至 2017 年，六十歲以上的人是「最快速成長的就學貸款人口區段」。這些借貸者絕大多數付的並不是自己的就學貸款，而是子女的就學貸款，其中有多例子都無力負擔這些借貸。一項研究發現，有將近 40% 償還就學貸款的年長者，過度縮減基本生活開銷，例如看醫師的費用。

現在，我知道有一種很好的數學法則，可一次解決「退休存款」與「大學學費儲蓄」兩件事。但是在我與一些家庭的合作經驗裡，這種方法需要紀律，而有些家庭可能無法做到。更重要的是，這是假定家長在後續職涯中也能賺很多錢。在子女完成大學學業後，父母還要能一如子女小時候那般有體力拚命賺錢。而在目前的社會經濟狀況中，我們不盡然能夠這樣假設。

請仔細傾聽吉兒大嬸的話：**在處理子女大學學費之前，你一定要先充分儲蓄退休金。**一切都以「三大問題」為優先，包括退休，若還有剩餘金錢，再儲蓄大學基金，或幫子女支付學費帳單。搭飛機時，如果發生不幸，你會聽到廣播說，你應該自己先戴好氧氣罩，然後再幫孩子戴氧氣罩。你知道為什麼。那麼，退休存款同理可證。你可以申請學生家長貸款，或幫孩子還清他們原本該自己支付的大學貸款。但關於退休金則沒有貸款可資助你，除了前面討論過非常棘手的反向抵押房屋貸款以外。因此務必以退休養老金為優先。

如果你是家長，可能很討厭聽到這項忠告。參加我現場演講的家長肯定也是如此。家長極度注重教育，覺得理應如此，認為若以退休金為優先，要求子女上公立學校或申請更多貸款，會覺得很自私。但這並不自私。一旦你達到退休年紀卻無足夠存款，你的成年子女就必須花錢照顧你！若現在就能鎖定

退休存款，運用複利的魔法，而非日後造成子女負擔，豈不是更好？哪種方法其實更自私？一如劇作家東尼‧庫許納（Tony Kushner）所言：「有時候，自私自利反而最慷慨大方。」

　　由於大學優於退休的想法，許多人認為焦點應該優先放在大學，在很大程度上忘了退休，最後才想起來。某位聽眾打電話到我的廣播節目表示：「我是諮商心理師，所以在子女畢業後，我還有好多年時間儲蓄退休金。我會想辦法。」這樣的邏輯看似合理，卻是錯的。你可能還有許多年來存退休金，但你還有能力嗎？

　　我不是在說「若你現在不存退休金而用來支付大學費用，將來鐵定完蛋」。或許這樣做的家長，將來真的有辦法規劃退休。但大多數時候，家長支付大學費用後才設法規劃退休，在職涯尾聲存更多錢，或改變作法，為了退休養老而縮衣節食過日子。但有很大比例的案例，家長陷入安妮所遭遇的麻煩。有人失業，有人面臨健康危機，或家人有意外需求，需要資金援助。在這種情況下，年屆退休的人發現自己的情況出乎預料，變得十分不穩當。由於缺乏好的選擇，必須做出痛苦犧牲，例如：再繼續忍受工作七年，實非己願；或超出自己體力負荷，搬家遠離親友，住在生活花費較低的地區。

　　你想冒著風險，讓自己面臨這種境遇嗎？在這個時代，機器人蓄勢待發，數百萬個工作即將被淘汰，你還能倚賴「延長工作年限」嗎？踏入五十歲或六十歲後，你還能處理金錢問題的壓力嗎？請停下腳步，認真思考退休需求，現在就堅決決定，以退休養老為優先，而非支付子女大學學費，那麼，年屆退休之時，你才能平靜自在，掌握自己的命運。

　　我的客戶茱蒂（Judy）和唐（Don）做到了。他們第一次聯絡我的時候，想知道如何為兩個小孩存下四年私立大學費用；兩個小孩分別是十歲和十二歲。這對夫妻住在馬里蘭州，就在華盛頓特區旁，兩人都四十歲出頭，年收入總計 25 萬美元。沒錯，我知道，25 萬美元足夠存任何基金，但實情並非如此。他們很快就發現：他們計畫儲蓄孩子的大學費用，但如果想達成退休目標，這筆錢必須優先存入他們的 401(k) 計畫。

　　我們的前幾次會面，茱蒂和唐深感受挫，尤其是茱蒂。她的職業是工程師，自己的大學教育前兩年是在社區學院就讀，然後在某個她所謂「中等公立大學」完成後續學業。由於極度重視教育，她夢想能送子女上私立大學。我與茱蒂和唐隔著桌子相視而坐，可以感覺出他們的情緒漸趨混亂，我很疑惑，他們到底有沒有把我的忠告聽進去。

　　然而，接下來幾次會面裡，茱蒂和唐接受自己的處境，也更願意重新思考自己對子女的規劃。當他們要我列舉可行的替代方案，我建議他們執行一個綜合計畫。我說：「告訴孩子，你們最多可以負擔大部分公立大學的教育費用，但他們必須分擔一小部分，還要申請小額貸款才可畢業。如果計畫施行良好，你們還會有辦法幫助他們還清貸款，不過，他們不該心存依賴。」如果茱蒂和唐遵行這個方法，便能存夠錢，達成合理退休目標。

　　茱蒂和唐決定執行這項計畫。一旦子女進入高中，即向他們解釋家庭對他們的大學所能提供的資助。女兒聽到要上公立大學，非常不高興，詢問：「如果我可以想辦法支付剩餘學費，我可以就讀學費較貴的私校嗎？」父母同意。她非常不簡單，令人難以置信，在校成績優異，輕鬆獲得優秀獎學金，最後進入哈佛大學就讀。兒子則進入馬里蘭大學，而且兩個小孩都零學貸畢業。同時，茱蒂和唐也走在正軌上，會在六十五歲退休，比預期年紀提早兩年。他們的職涯尾聲達到人人夢寐以求的境界：對未來的財務感到平靜自在。

　　茱蒂和唐不像我其他客戶，當我把數字說出來，他們沒有抗拒。或至少，沒有抗拒太久。他們沒有堅持優先付完大學費用，也不「延長工作年限」或「日後多儲蓄一點」。他們願意（也有能力）處理手中的資訊，懂得掌握現實，接受新的思考方式，

調整自己的期望。只要能像他們一樣，克服一開始的情緒反應，你也能夠妥善分配存款，真正照顧自己的最佳利益。比起全力支援大學費用，你可以節省上萬美元，儲蓄更多退休金。退休生活從此悠然自在，盡在掌握中。同樣的，子女不需要背負沉重債務，也會過得更好。

聰明的大學選校 101 法則

如果你是大學生家長或本身就是學生，但願我能啟發你採取實際的新觀點來看待大學，這個觀點奠基於審慎分析個人財務狀況，以及特定教育選擇所能實現的價值。也希望你能暫時擱置產生的強烈情緒，例如：「我就是**一定要**上那所很酷的私立大學」、「我要給小孩和我一樣的教育」、「我必須公平對待每個孩子」、「孩子的大學教育勝過一切」。務必真正看清大學教育的真實面，如同一個犀利的商業決策，影響深遠，這是你和家人即將做出的最重大決定。

以這種方式看待大學，便能領悟，你其實還可以做很多事，將家庭的價值最大化。你是否知道，每年都有 27 億美元的聯邦補助金無人認領？真是不可思議！NextGenVest 是一個資金指導平台，提供學生所需的資金補助、獎學金和就學貸款流程；根據創辦人暨執行長凱莉・琵勒（Kelly Peeler）所言，很多家庭預

先假定自己不符合資格，因此這些補助金只能閒置。事實上，只要年收入低於 20 萬美元，極可能符合資格。

　　如果每個家庭在追求高等教育的過程中，能夠以較為理智的商業決策方式，盡一切努力去了解各州的獎助學金狀況，或各特定機構可提供的獎助學金，或如何運用諸如 529 計畫之類的投資工具，或透過「卡佛戴爾教育儲蓄帳戶」（Coverdell Education Savings Accounts）準備大學費用，便能取得這些機會。

　　更重要的是，許多家庭根本不願研究低廉學費的學校排名。除了大學排名標準，你還應密切注意《Money 錢》雜誌年度「全美大學投報率排名」（The Best Colleges for Your Money）。另外，還可研究哪些學費低廉學校中，具有創造傑出財務價值的個別學術科系。例如，假設你住在維吉尼亞州，若你是大學本科生，想要主修商學，可以就讀諸如紐約大學之類的昂貴名牌私校，但也可選擇維吉尼亞大學或北卡羅萊納大學教堂山分校（UNC），這兩家機構同享盛名。即使你是外地生，必須支付北卡羅萊納大學教堂山分校「非居民學費」（Out-of-State Tuition），比起紐約大學，你仍可每年節省 15,000 美元，生活開銷也較低。

　　若想要贏得這場大學財務競賽，你**只需要**做好功課。還有，

很少學生懂得與大學協商，你也該嘗試看看。不久之前，我有個年輕同事決定離開網路新聞業，去上法學院。她獲得喬治城大學入學許可，一年學費大約 6 萬美元，但同時她也錄取排名較低的福坦莫大學（Fordham University），該校給她 35,000 美元助學金（而且免稅），使學費降至一年僅 25,000 美元。還有額外的好處：這家法學院就在林肯中心隔壁！

　　儘管有費用差距，她還是很想上喬治城大學。於是在我督促之下，她打電話給喬治城大學，告訴校方想就讀該校，但是福坦莫大學提供每年 35,000 美元的補助。猜猜怎麼了？喬治城大學回覆，給她每年 25,000 美元，直接把學費砍成每年 35,000 美元。她後來就選擇喬治城大學。她當時差點不想要打那通電話，沒想到一通電話讓她三年省下 75,000 美元，也省下所需支付的就學貸款利息。

　　如果學校授予獎助學金，而且你的成績或背景對學校極具吸引力，別害怕要求其他學校提供相等的條件。反正最糟只不過是對方說「不」而已！自己主動去問，不要依賴父母（這個忠告適用於人生各方面）。直昇機父母照料小孩的一切，大學不會對父母印象深刻。學生雄心抱負，能夠暢言自己的主張，才會得到大學的認可。

但是遠在進行任何協商之前，請先坐下來與父母好好談話，確切計算你能夠負擔得起多少債務。我的廣播節目曾經訪談多位大學專家，建議大家記住一個簡單的標準。他們提出一個很好的意見：貸款金額不要超過未來就職第一年的預期薪資。若是攻讀電機工程學，起薪自然比主修藝術史的學生要高，這個通則使你可以承擔較多的貸款額度。但不論就讀哪一種科系，貸款金額都要能夠在十年內還清。

若像我一樣深入鑽研數字，你就會發現，學貸其實在十年後才會開始真正限制你的機會。如果你二十多歲就還清債務，比起三十多歲還在還債，情況絕對截然不同。當然，若你對自己未來的職業規劃尚無頭緒，這個通則的用途有限；但對大多數人來說至少有個概念，可指出一個大致有用的方向。

要是你已經背負沉重的就學貸款，該怎麼辦？別驚慌，你仍可以採取行動，有效還清貸款，減輕身上的負擔。我建議債務人盡速梳理釐清自己的狀況，重新組織調整。製作一份試算表，列出所有貸款、貸款識別號碼、放款人名稱、電話號碼與其他直接相關資訊，包括最重要的貸款金額和利率。然後，設定銀行每月自動扣繳貸款，以免延遲還款，孳生手續費和利息，更何況每月安排還款工作會造成不少壓力。

　　預算編排後，若發現每月還有多餘的錢，請加速償還貸款，先從最高的貸款開始還起。相對於利息很高的大額貸款，先把手上的小額貸款「結清」，在心理上可令人獲得較大的滿足感；但這樣一來，整體孳生的利息費用反而會變多。如果有聯邦貸款，可申請延期、寬限期，或研究是否有扣薪還款方案。

　　如果你是家長，請協助子女釐清狀況，引導他們了解貸款還款流程。你想要孩子自己負起責任，但不代表不能提供資訊與情緒支持給孩子。若能提供財務援助而不過分損及你的未來，請自便，但不要讓他們完全擺脫責任。與其拿錢給孩子去還款，你可以要求他們，將你所承擔的全部或部分貸款，在某段時期以較低利率或無利息的方式慢慢還給你。孩子要能夠感同身受，「風險共擔」（skin in the game），否則如何學會為自己的財務健全負起責任呢？

　　若子女仍是高中生，請開誠布公，提早與他們討論上大學的財務規劃，例如大一這一年的費用。你也要知道孩子的志向和工作態度是否認真。孩子是否都能發揮名校高額學費的功用，或有些孩子只上負擔得起的學校，就能像在私校一樣找到自己的價值？孩子是否都有心理準備，離家到外地就讀大學？是否都一樣清楚自己的職涯方向？我朋友有個兒子，大一的時候就像搖滾巨星一樣日日狂歡作樂，於是朋友只好把他從外州帶回來。兒子搬

回家與父母同住，註冊社區大學就讀。如果接下來他願意認真看待學業，朋友就會研究其他花費較高的學校。愈能及早誠實評估子女的能力，將來愈不可能遇到這類令人不快的意外，也不會在過程中浪費數萬美元學費。若孩子尚未清楚人生志向，沒關係，但千萬謹記，不妨先讓他們在較便宜的學校試水溫。

激發孩子的進取心

我認識一個高中生喬瑟琳（Jocelyn），她住在奧克拉荷馬州某個小鎮。打從很小開始，她就知道自己想編寫執導電影。中學時期，她夢想著就讀南加州大學（University of Southern California，USC），這所學校以電影學程聞名全國（碰巧，這裡也以「紈絝子弟大學」聞名）。喬瑟琳的父母強力支持她上大學，追求對電影的熱情，但他們不打算抵押自己的未來讓女兒上南加大。他們非常清楚，家裡還有另外三個小孩，僅能負擔公立大學，學雜費大約 12,000 美元。如果她要住校，就需申請貸款，自己還債。想要無債畢業，就得住在家裡通勤上學。

我查了一下，奧克拉荷馬大學（University of Oklahoma）的電影學程比不上南加州大學。事實上，這兩校學程完全迥異。但現實就是這樣，喬瑟琳只能接受。父母沒有禁止她申請南加州大學，可是確實告訴她，若想上那所學校，要自行想辦法支

付每年 6 萬美元的費用，一年學雜費和生活費總共 72,000 美元，再減去她父母出資的 12,000 美元。

但喬瑟琳接受這項挑戰，父母大感意外。升高中前的那年暑假，她努力研究如何能進入南加州大學，更重要的是，如何申請獎助學金，甚至申請貸款。在高一那年，她認真查閱校友名錄，看看是否有奧克拉荷馬州的人曾經就讀南加州大學。發現當地校友以後，她便打電話給這些人，詢問他們在那個學校的經驗，以及該怎麼做，才可獲得錄取，得到資助。同時她也非常用功，成績優秀。

現在，我不清楚喬瑟琳是否達成大學目標。但我知道，她與父母經過明確的評估，了解財務狀況與大學的選擇，她沒有因此受挫，反而產生勇氣，思考自己想要什麼，努力爭取，尋求創意性的解決辦法。她盤算自己的大學未來，從中培養旺盛鬥志和堅毅韌性。不論喬瑟琳人生將來從事什麼，都將能從這裡獲益。而她也會因為得到財務現實面的知識而獲益。許多人即使為了能夠上大學付出許多努力，卻同樣懂得這個道理帶來的潛在利益。他們高度聚焦於自己的職業目標，非常自律，每月按時還款，一旦還清貸款便開始積極存錢。他們努力爭取，達成事業目標，成功又激發他們更上進。最後，他們在財務上變得更加成熟，愈能坦然接受限制，承擔個人責任。

我希望人人都能負擔得起他們對大學的夢想，但現實世界並非如此。知道許多人掙扎奮鬥，歷經艱辛、失望與沮喪，卻因此在許多方面有所成長，我深感欣慰；知道世界不只有黑白，我也同表寬慰。我們眼前的選擇不在於「背負巨債，就讀昂貴大學」，也不在「避免堆債，卻陷於低階職業機會」。在大多數情況裡，你不需要被沉重債務壓得喘不過氣，依然可以成就事業和抱負。但你要放下過時的成見與個人情緒，做足功課，當然，還要禁得起殘酷的親子對話。對於大學，要如同對待人生其他面向一樣聰明。

學習做決定，選擇更適合的大學，另外還有一個常被世人忽略的好處。在「實現大學美夢」過程中，把自己放在一個較有利的位置，可解決一系列其他重要財務問題。大學畢業十年左右，許多聰明人開始想要安頓下來，考慮是否買房或繼續租屋？同樣這批聰明人，日後可能盤算是否買下度假別墅或投資財產。我們太常見到的是：情緒性的決定，加上傳統世俗的「有土斯有財」，都造成人們買下自己負擔不起，或其他不符合個人需求的房產，結果損失上萬美元，有時還損失更多。接下來讓我們檢視聰明人在不動產方面的常見錯誤，還有相關策略，確保你購得的任何房產確實能帶來長久喜悅。

蠢事•••5

該租房子的時候卻買房子

　　你年紀大約五十出頭，子女都自行成家立業。賣力工作三十年後，你很幸運地累積財富，遠超出退休收入所需。退休後，如果身體還堪負荷，你只想徒步越過索諾拉沙漠。過去曾經在峽谷大農場（Canyon Ranch）或米拉瓦爾（Miraval）度假多次，每趟旅行花費數千美元，你決定終於是時候了，要在亞利桑那州圖森市（Tucson）擁有自己的住所。該怎麼做？租或買？

　　2004 年，我的客戶約翰（John）和瑪莉（Mary）面臨這種選擇。由於當時房地產起漲，他們決定進場買一塊地，原本以為可以負擔得起：他們存款有 100 萬美元，其中有 65 萬美元在401(k) 計畫裡，其餘 35 萬美元是在非退休投資帳戶裡，隨時可以提領。他們原先的住宅價值大約 30 萬美元，仍有 15 萬美元房

貸餘額待償。附帶一提，約翰和瑪莉兩人年收入總計 30 萬美元。

起初，他們買了一小塊地，花了既有存款 10 萬美元，還剩 25 萬美元以備不時之需。一年後，他們額外多存了 5 萬美元，便開始建造自己夢想中的家，耗費 30 萬美元在建造房子，另外再借 25 萬美元完成裝潢。他們知道自己在消耗流動儲金（liquid savings），但房地產價格和營造費用都在不斷攀升，他們做了一番研究，認為每年自己可以使用這間房子幾週，然後其餘時間租給他人使用。他們想，租金可以用來繳付房子費用，在不知不覺之中，即可補回存款。

我知道各位在想什麼：「吉兒，那時妳在哪裡啊？怎能讓他們做這種事？」擔任財務顧問，最讓人心灰意冷的是：我僅能提出忠告，無法強迫客戶照單全收。當時約翰和瑪莉初次提出想要建造房子的想法，我嚇得倒抽一口氣，**真**的非常激動，簡直語無倫次起來：「你們會花光所有現金，到最後必須同時負擔兩邊房貸，所有的錢都被房地產綁住，萬一需要錢該怎麼辦？」我並非質疑他們對巨人柱仙人掌的熱愛，這在當時蔚為風潮，但我要他們暫時租房一段時間。他們卻說：「如果租房子，等於是把錢丟到水裡。」或許吧！但他們卻能藉此多所考慮，探索不同社區和居住環境，看看偏好哪裡。

　　他們不聽我的話。房地產市場太熱門了，根本就沒有人料到房價會下跌。但房價真的跌了。在 2006 年中期，房市危機開始初步蔓延，尤其是在美國西南部。首先是從信貸頭期款的炒房客開始，他們大量拋售手中上萬筆庫存，瞬間淹沒市場；相關資訊請參閱麥可・路易士（Michael Lewis）的《大賣空》（*The Big Short*）一書。這些人找不到買家，許多人轉向出租，又導致租屋市場崩跌，造成我的客戶也無法如願出租新房子。2008 年，金融危機來襲，約翰失去了原本穩定的工作。因為需要現金，又負擔兩邊房貸，他們被迫賣掉亞利桑那州的房子，損失 5 萬美元。災難不大，但原本是可避免的。

　　許多聰明人犯下房產錯誤，理應租屋之時卻買了房子。1999 年，有一對已婚的醫學院學生找我諮詢，兩人大約二十多歲，想買房自住，同時完成學位，還申請專科住院實習醫師。他們無法忍受支付租金，認為是「把錢丟到水裡」，他們的父母也願意湊錢贊助自備款。

　　我問：「萬一你們沒有在那一區拿到實習缺，必須搬家，該怎麼辦？」

　　他們說：「那就賣房子吧！」

我說：「好，但如果你們賣不掉，或價格不夠好，怎麼辦？」

他們令我啞口無言：「我們不認為會發生這種事。」

唉，天真樂觀的年輕人。

他們重金砸下 25 萬美元，在很好的社區買了牧場風格平房。如果他們能保住這間房子超過十年，房價將有可觀回報。幾年後，到了 2002 年，他們完成醫學院學業，但一如我的憂慮，拿到他州的住院實習醫師職缺。時值網際網路泡沫開始破滅之際，房地產市場搖搖欲墜。他們終於想辦法把房子賣掉，但損失上萬美元。現在看來，如果時機變換，他們變成延到 2006 年房市高漲之際才賣房，正好在房價崩盤前，就會變成神機妙算。所以，買房的行動真的不夠明智嗎？我仍主張他們不夠明智。因為在幾年內，這對夫妻還是很可能有必要賣掉房子，所以租屋才是最審慎的選擇。買房意味著孤注一擲，正如我這些客戶最後的發現，有時你會全盤皆輸。

對房地產要小心翼翼。如果是購買自用宅，你是否真的負擔得起貸款和其他房屋持有權相關費用？或許租屋才是好選擇。若你想買度假小屋，但還有幾年才退休，也沒有達成財務自由，延後買房合情合理，因為這樣才有更多流動性（liquidity），風

險曝露程度也更低，還能有更多選擇。租屋不代表「把錢丟到水裡」。相反的，而是購屋空間大；每付一張租金支票，即是在購買自由，隨時可以抓緊機會，或有能力因應突如其來的意外失敗。租屋或許不如買房迷人，尤其是對老一輩的人來說，心中根深柢固的「有土斯有財」或「買下一塊美國夢」等想法。但如果你的目標是安全無虞的財務未來，能夠盡情享受人生，租屋可能是你該走的路。等待時機充分再出手。

保加利亞式樂天派的永恆智慧

為何這麼多聰明人，卻做出如此差勁的房地產決策？通常是因為他們過度沉浸在玫瑰色的未來前景裡。認知科學家稱此為「樂觀偏誤」（optimism bias）：一種人類的傾向，認為別人容易遇到不好的事，唯獨自己不會。不知不覺中，我們任由人生飛馳而過，幻想著事情會有最好的結果，基於這種偏誤而做出決定。但現實不盡然美好（而且往往如此），總是會令人大吃一驚。由於我們甚少注意降低風險，認定最糟情況絕不會成真，因此蒙受原本可以避免的財務衝擊。俗話說：「花好月圓」。我說：「沒錯，但難免晴天霹靂！」

你不屑地笑著說：「看看我們的美女小太陽，竟然說晴天霹靂？別破壞氣氛嘛，施萊辛格小姐！」

　　對、對、對，這些話我全都聽過，客戶和聽眾形容我更是有聲有色，像是「愛潑冷水」、「陰沉喪氣」、「厭世公主」等。我都會解釋，我對風險的看法並非悲觀，而是主張「平衡」看待，源自多年來我在華爾街擔任交易員的經驗。許多人認為交易員是樂天派，愛好冒險，但其實我們受過訓練，不是只看好的一面，而是要看進行交易時可能承擔的風險。若你的錢有風險，當然自己一定要注意是否不利，那些大銀行才不會替你操心。特別我們所學的是：即使負面後果的發生率極低，也要認真看待。

　　畫一條鐘形曲線，中間隆起，兩端較低。這兩端代表發生率較低的極端後果，可能是正面也可能負面。而曲線中間的隆起代表溫和的後果，發生率最高，可能是正面也可能是負面。但是別自欺欺人，認為極端負面的發生率很低，代表災難性後果絕不可能發生。有時候，一場三十多年才發生一次的洪水摧毀家園，股市或房市崩盤，原本以為沒問題的紅利竟無法兌現。到時候該怎麼辦？採取相對來說花費不多的小辦法，卻能做好準備，預防壞事發生，難道不合道理嗎？

　　我知道，一般人實在很難預先設想潛在的不利因素，怕會攪亂精心安排的計畫，或破壞我們的感受，對於人生機遇感覺「不公」。我也不是說你應時時像縮頭烏龜一樣活著，

害怕不可想像的事情發生，結果人生真的變悲慘。但是在盤算房地產買賣時，你至少應該將負面因素列入考量。別用光你的每一分錢，就只為了打造夢想中的家。何必這麼做？你可能會需要用到這些現金。別為了想要購買第二個家，擴張你的財務，以為有必要時再「出租」就好。萬一沒人租呢？別因為想住個幾年而打算買房，也別假定市場會一直上漲，哪天就可能撐不住。還要小心，買房後，別以為可以一輩子折抵房屋稅。如同在 2018 年，許多屋主發現法律竟然會變，你曾經鍾愛的稅務優惠可能在轉眼之間消失！

我的保加利亞朋友喜歡說一個笑話：樂觀者和悲觀者在街上遇見彼此；悲觀者說「我的天啊！事情不會再糟了！」樂觀者搖搖頭，說「不，事情**會再**更糟。」。

我喜歡這個笑話。2008 年夏天，我在福斯財經新聞（Fox Business News）說了這個笑話。當時市場崩跌，廣電名嘴口沫橫飛，說股價即將穩定，最壞的事快要結束。醫師說，偶爾來個東歐式自我解嘲，有益健康。猜猜怎麼著？我們現在就很需要自我解嘲一下！下次想要購買房地產時，切記這個保加利亞樂天派笑話，行事務必慎重再慎重。

當房東樂趣多？不能說的真相

美國中西部某位職業歌劇演唱家有次打電話到我的廣播節目，說了一段關於房地產執念的軼事。幾年前，她遇見夢寐以求的男人，兩人婚後生了一個小孩。買房似乎理所當然。但如果你從事藝術職業，可不是這樣！

音樂家、歌劇演唱家、芭蕾舞者經常巡迴各地演出，喬伊（Joy）也不例外。她與先生買了小公寓，幾個月後，她接到電話，有機會成為知名的紐約市大都會歌劇院其中一員。幸運的是，喬伊設法賣掉新購的房子，與買入價格相差不多，然後把所得款項全部存在銀行。不過由於房地產買賣手續費（closing costs）就要將近 1 萬美元，她還是覺得受到打擊，認為如果出租房子，就不需賣房。

我與喬伊談話之時，她才剛到紐約不久，迫不及待想要展開新工作，享受成名的滋味。但猜猜還有什麼事讓她迫不及待？在紐約買房。我說：「哇，等等，你不是才剛犯下類似錯誤嗎？何不先租屋一段時間，視新工作進展而定？」

喬伊說她已找到「夢想中的工作」，不會想要離開。

我的語氣就像電影《小太陽的願望》一樣天真可愛，問：「那麼，萬一你被裁員了怎麼辦？」

她承認是有可能發生，但她不在乎。賣掉小公寓後，她還有數十萬美元現金存在銀行。她有能力輕易買房，卻得心不甘情不願每月花費 5000 美元，租一間曼哈頓破爛公寓，這對她而言真是要命。

我說：「沒錯，但是要在紐約買下你喜歡的房子，你必須花多少錢？」

她說：「大約 200 萬美元。」

「難道月付 5000 美元不比 200 萬美元划算嗎？」

她不太情願的同意了。我一針見血，繼續談話，最後她屈服了，同意在企圖買房之前，先在紐約租房一年看看。

人們對房地產有種牽絆。就像大學時，與一個不太好的男女朋友交往，即使被騙、被甩或在背後說壞話，我們依然戀戀不捨，頻頻回顧。樂觀偏誤在此發揮作用，但情況不僅如此。在美國，人人年輕之時就被洗腦「有土斯有財」，認為不動產是

「財務未來的基石」。每個人都聽過,有人迅速轉售房子或經營度假民宿,賺進數百萬美元,或是在荒郊野地置產,後來居然成為新興高級地段。諸如「美國家園頻道」(Home & Garden TV,簡稱 HGTV)之類管道,以及《紐約時報》和《華爾街日報》這類報紙的副刊,充斥無數不動產廣告,一直對我們洗腦。

美國人對於「房產所有權」的執著,可追溯自 1950 年代和 1960 年代,當時聯邦政府試圖說服二次世界大戰退伍軍人買房。如同大多數人的想法,政策制定者也相信:只要擁有自住宅,一個人就能建構更穩定的生活,為社區和整個經濟體貢獻良多。他們說,租客糟蹋房產,而屋主投注金錢改善房產。租客輾轉遊歷各處,但屋主落地生根,覺得自己與社區休戚與共。基於此類假設優點,政府擴張低利率貸款給退伍軍人,讓他們能夠買房,造就現代的房貸產業。

這些「最偉大的一代」及其子女(戰後嬰兒潮)的龐大買房需求,促使房價數十年來高漲不跌。一般人也能藉此累積資產淨值,因此強化了「房產所有權」信念。「住者有其屋」和「美國夢」的迷思根深柢固,雖然歷經金融危機和不動產泡沫而動搖,卻未曾毀壞殆盡。現今,政府依然提供誘人的房貸利率款項稅收減免(雖然經過 2017 年稅務改革,變得較不大方),而我們偉大的領導人恰巧正是個地產大亨。

　　房產所有權真的對社會較有利嗎？這可另行探討，但請容我說，我抱持著懷疑態度。每個月，我們投入巨額金錢到房貸和維護費，給自己理由，認為這是在增加資產淨值，為未來存錢。一旦房貸期滿且房子已經清償，就有全數資產淨值可資助退休養老。話是這樣沒錯，但萬一將來你退休時，房價比預期低了 20%，要怎麼辦？到時候會怎樣？近幾十年來，由於我們都把錢投入房產，投入退休存款帳戶的錢反而變少，但其實退休帳戶較能監控風險。根據美國經濟政策研究所（Economic Policy Institute，EPI）的報告，中壯年夫妻（年紀五十六歲到六十一歲）平均僅累積 163,577 美元的退休存款。隨著戰後嬰兒潮年紀增長，整個社會必須想辦法瞻養這一群幾無退休存款的世代，而他們的住宅資產淨值不足，又缺乏養老金，只能借助社安保險金制度——這些全都是因為過分強調房產所有權之故。

　　你會以為，各地聰明人能看破這項迷思，對房產所有權採取較為審慎評估的作法。但情況並非如此。這項迷思如此根深柢固，造成社會各階層人士積習難改，也深植於我們的日常生活，影響我們之中最聰明的人投資房產，即使不該這麼做。

　　客戶曾對我說：「拜託，吉兒，我有多餘的 50 萬美元，與其拿來投資平衡型基金，倒不如投資房產出租。」這點子可真不錯啊！（請注意我帶著一絲挖苦聲調）。許多人完全相信這

種概念：任何人都能成為房東，建構屬於自己的小型不動產帝國，而且非常有樂趣！有些客戶和朋友是覺得有趣，但更多人覺得無比頭痛，例如三更半夜接到電話，處理惡房客瑣事等，而且獲利遠比想像中還低。

　　我有個羅德島朋友買了一間房子，有四個出租單位，房產位於布朗大學旁邊，吸引租客並不困難。但是大學生房客糟蹋她的房子。有一次，他們開了盛大派對，警察到達現場一看，驚呼：「這簡直是電影《動物屋》（Animal House）那惡名昭彰的『三角屋』場景！」朋友請來的清潔人員拒絕打掃這間房子，因為實在太噁心了。

　　還有不少煩人的事。每隔幾個月，朋友就會在半夜接到房客電話，抱怨馬桶不通，或被鄰居投訴，抱怨房客到處亂丟垃圾。短短幾年內，原本的「一筆好投資」變得一塌糊塗。以現金流量為基準來看，朋友的確賺到錢，但如果把投入在房產的時間也納入考量，加上衍生的相關壓力，根本就不值得。有一天，她走進我辦公室，雙手一攤，絕望地說：「我投降，做不下去啦！」不久她便把房子賣掉。她或許可以雇請代管公司來管理房產，但是那樣要多花錢，數字不划算。買房出租，其實遠不如她原本可選的其他投資選項那樣吸引人。

　　如果你愛修理東西，又喜愛與人相處，幫助房客解決問題，擔任房東，或許生意前景可期。但對於許多聰明人來說，這爛透了。同樣的，許多聰明人也深受其他不動產的錯誤看法蒙騙，認為「比起租房，擁有自己的房子如入涅槃極樂之境。」人人心想：「哇，我有自己的房子，終於可以輕鬆了，隨便我愛怎樣都可以。」確實，擁有自住宅可帶來一種安全感，這是租屋無法辦到的。但是許多聰明人——尤其是發牢騷說「繳房租是把錢丟到水裡」的人——低估了購屋後續的頭痛問題，像是家電壞掉、地下室淹水、屋頂漏水等。房屋保險沒承保的問題有一百多種，萬一發生什麼事，都要靠你這個屋主來收拾殘局，或另請維修高手。裝潢修繕專家在我的廣播節目說：通常屋主每年預計要花的維修保養費大約是房價的 1%-3%。真是把錢丟到水裡啊！

　　在寫本書時，有一晚，我回到自己買的公寓，肚子很餓，想自己煮晚餐。我打開烤爐，準備烤一份千層麵，指示燈卻故障了。我後來請人來修，花費 425 美元；活該自己愛煮。

　　這類事情經常發生，而且不只我買的這種老房子才會出問題。我認識一位女性，她買了一間全新房子，不料卻發現屋內的燈具和電器故障。建商顯然偷工減料，讓她負擔維修費用。她說：「你知道電視節目《老屋換新》（*This Old House*）吧？我要拍一個『新屋換爛』節目！」至少她還有幽默感。如果是

買房而非租屋（即俗稱的「以買代租」），必須考慮意外開銷和麻煩，否則包準你苦笑不停，每天活在挫折憂慮中。

另一個房產迷思認為「看準市場『時機』賺錢，輕而易舉」，也會導致聰明人陷入困境。雪莉（Shelley）和男友克勞德（Claude）因網際網路熱潮而有穩定工作，兩人收入大約 15 萬美元。他們想搬出位於丹佛（Denver）的租屋處，轉而買房；自備款是房價的 20%，到了 2005 年，他們只存了一半金額。但他們坐立不安，一直想買。當時三十年固定利率還款期的房貸利率已從 8% 降至 6% 以下，而房價開始高漲。他們擔心，如果現在沒買，即會「錯失」低利率。再者，價格一再升高，他們「夢想中的家」就會變得負擔不起。我努力要他們冷靜，建議購屋要採取保守態度。如果可以等到存夠 20% 自備款，月付金可以較少，每月存下更多錢，給自己更多安全感。他們卻不聽，跟我說：「我們每天都在等。好房子機會稍縱即逝，一定要好好把握。」

2005 年中，他們看上一間價值 35 萬美元的房子，立即支付房價的 10% 當自備款，申請為期三十年的房貸，利率是 5.875%。到了 2007 年，房價漲到 40 萬美元，他們這輩子從未如此快樂過。但後來市場快速下跌，房子貶值到僅剩 30 萬美元以下。同時，利率亦驟跌至 5% 以下。雪莉和克勞德自認聰明，趁市場熱潮買

下房子，但其實最好應該再觀望幾年。2012 年，克勞德失去工作，由於這對夫妻缺錢救急，只好被迫賣房脫困，賠掉自備款停損。

企圖看準金融市場時機，其實很蠢，我會在好運道第十三章談及這些事。有人企圖看準房市時機，卻換來滿身傷痕。沒人真正知道短期內價格或利率的漲跌情形和幅度。我知道這很難做到，但決定買房之時，請務必認清市場條件，斟酌其他考量因素。先判斷是否負擔得起要買的房子，然後再著手買房。

記住「三大問題」

但究竟該如何判斷你是否負擔得起？你可能聽過，房屋總開銷應占收入的 30%，差不多是這樣。對某些人而言，這個通則是很有用的衡量標準，但若考慮你的居住地點，情況可能不是如此。如果你收入 20 萬美元且住在內布拉斯加州，當地不動產價格低於全國平均值，花 75,000 美元買房，實在太蠢，根本就沒必要花這麼多錢。如果你收入一樣是 20 萬美元，但住在高消費地區，且可以合理肯定以後收入會增加（例如：你是法律事務所律師，兩年後即將晉升為合夥人），那麼，稍微高過這個 30% 門檻，倒還算安全，也很可能需要這樣做。

這個通則就像營養學規則一樣有用：一個健康成人每日需

消耗 2000 卡熱量，許多人都可以拿來當作參考標準，不過還須考慮個人狀況。一個高大的馬拉松選手每週跑 40 英里，可能每天需要 4000 卡，以此類推。一個身高一百五十幾公分且不愛運動的小姐，可能僅需 1500 卡。把這個 30% 規則當作原點，全盤考慮你的狀況，再作打算。

甚至在你想用這個 30% 規則之前，請先回到第二章，重新看一遍我說的「三大問題」。你是否已清償消費性債務，包括第四章所說難纏的就學貸款？是否盡可能提繳更多退休金自提款項？是否有緊急帳戶，金額大到足以應付六到十二個月的開銷？如果前述問題任一項答案為「否」，無論房屋總開銷低於你收入的 30%，買房務必小心慎重。

不過，就算居於這些財務安全基礎邊緣，在某些情況下，你可能還是想「租不如買」。例如，在某些市場裡，由於租屋供應量低迷，買屋可能比租房子還要便宜。計算清楚。如果你顯然只能負擔得起租屋，請先選這條路，同時繼續還清債務，為未來存錢。

在此讓你體會一下，想要買房時，一個能夠承擔責任的合理分析應該如何。傑羅姆（Jerome）和仙蒂（Sandy）是一對夫妻，在紐約市租金管制公寓居住。若是你每天在紐約城市開車往返

千里，就知道能用 1200 美元租到一間俯瞰中央公園的三房公寓，簡直是便宜到非常離譜。在傑羅姆即將準備七十歲退休之前，房租略漲為每月 1800 美元，依舊是不可思議的便宜。等到傑羅姆退休時，他和仙蒂有機會以低於市值的價格，立即購買這間公寓。他們這棟建物即將變成「合作公寓」（Co-op）[1]，詳情省略，只要知道：若能以內定方式買下紐約的合作公寓，許多人都認為這等於是拿到黃金門票。傑羅姆和仙蒂想要買這間公寓，準備從 100 萬美元退休存款提領一部分的錢當作自備款，而不是繼續租房。他們找我諮詢，想知道該用多少存款當自備款。

我說：「我知道確切金額，答案很簡單。」

「多少？」

「零元。」

「零元？為什麼不該買？」

1・Condo 一般翻譯成「共有公寓」，Co-op 翻譯成「合作公寓」。兩者從外表上無法判斷，決定兩者差異的關鍵在於產權的擁有—— Condo 擁有產權，Co-op 只有股權；海外投資客大多喜歡投資 Condo，出租不受限制；而 Co-op 在出租上有一定限制，並且在購買程序上相對繁瑣，需經過管理委員會的嚴格面試。一般 Co-op 的買家須先經過通過「管委會」面試，在個人財務背景等各項指標通過後才能進行買賣，外國人的審批難以通過。
摘錄自：https://kknews.cc/house/g8mjm4y.html

「絕對不要買。」

如果他們的退休存款有 500 萬美元，買下這間公寓倒是不錯。但是這裡租金才 1800 美元，買房反而不划算。光是公寓維護費和房產稅每月就耗掉大約 2500 美元。即使接下來十年的房租漲 25%，買房依然較貴。同時，買房還會減少他們的退休存款，而到最後他們可能需要這筆錢，況且，這也會讓他們沒有足夠緩衝，無法應付未知的危機。如果是買下公寓再轉售，或許可以淨賺一大筆錢，但也可能賣不出去，同時還可能讓他們暴露在無謂的風險下。

傑羅姆和仙蒂說：「如果買房，至少有資產留給子女。」

我回答：「你們已經有資產了，就是這筆 100 萬美元，別去碰這些錢，什麼事都別做！」

他們面面相覷，然後又看著我。我說得對。後來，他們決定錯過這個想像中獲利豐厚的機會，繼續租房。

你瞧，美國英雄租客真快樂

鑒於「偉大的美國夢」是多麼頑強存在的迷思，我必須多

做努力，說一些關於租屋的好話，才可結束本章。各位，我們需要新的美國夢！至少也該修正吧？抱著這個目標，下面要說一個來自我朋友圈的故事。

我的好友葛斯（Gus）在年近六十歲時離婚，結束二十五年婚姻。他和妻子有不動產，多虧購屋時足夠聰明幸運，可以賺一大筆金錢。幸運是因為他們懂得在正確時機利用市場趨勢，聰明則是葛斯和妻子買的是年久失修的房產，再重新裝潢修繕。協議離婚時，葛斯告訴妻子：「房子留給你，我留自己的退休計畫金。分道揚鑣吧！」事情經過即是如此。我所有朋友都以為葛斯會為自己購買新房，他有太多存款可用來當作自備款，而且收入十分豐厚。我們非常訝異聽到他說：「我不買房，租房就好！我想住得離子女近一點，但我不想把自己綁在一個地區。我要讓自己盡量有更多機會。」

離婚五年後，葛斯變成我見過最快樂的租客。他告訴我：「太棒了。我付錢，維修事宜有人代勞，不必操心任何事，隨時想搬走都可以，繼續留下也行。」朋友偶爾質疑他的決定，說他繳稅時無法扣除房貸款項。他說：「什麼？你以為我買一塊不動產就是為了減稅？我才不會這樣做。」

幹得好，葛斯！

　　我認識不少人每月繳房租而不是繳房貸，生活幸福快樂。從他們的觀點來看，租屋意味著自由，是一種機會。年輕夫妻可以租屋，若有絕佳外地工作機會找上門來，即可動身前往。中年夫妻若想將房子大換小，在出售房子之時，可以先暫時租屋，而非立刻買新房子。如果房子賣不出去，沒問題，還可以搬回去，避免可能陷入兩頭負擔房貸的災難。老年夫妻可以放棄機會，不在海邊買渡假小屋，反而承租更好的房子。萬一夫妻有人出現健康危機，真的需要現金，便無須煩惱。

　　我母親是資深房仲，晚年偏好租屋。我父親過世後幾年，某個建商找上門，砸下重金要買她的房子。她知道賣房時機到了，但不確定將來住哪裡。她一開始有股衝動，想把大多數的賣房收益投入新房，讓自己過得舒適。我和妹妹勸她先「以租代買」幾年，到時候再看看是否仍想買房。人生還有什麼好著急的？何不花點時間，看看自己真正想要什麼？幾年後，她很高興當初聽了我們的話。她不但超愛新租的公寓，也很珍惜銀行存款帶來的自由與彈性。除非你有信託基金或有機會繼承富豪長輩的遺產，否則也該這麼做。

蠢事•••6

過度承擔風險

　　可以這麼說，至今我所說過的故事，其中很多都是由於極端事件餘波盪漾，繼續引發更多蠢事，譬如：在 1990 年代晚期和 2000 年代初期，網際網路熱潮興起又崩潰，或是 2008 年到 2009 年之間，發生金融危機，經濟大衰退。蠢事終歸蠢事，但是在混亂時期，盛行率和衝擊程度都會擴大。沒有什麼故事比羅德尼（Rodney）的經歷更能說明「危機放大效應」（crisis magnification effect）。他是我朋友的朋友，曾於如今已解散的「雷曼兄弟控股公司」（Lehman Brothers）擔任交易員多年。羅德尼以前賺很多錢，在 2007 年，總體薪酬高達 180 萬美元。過去這些年來，他存了 200 萬美元現金，也囤積不少雷曼兄弟股票（原本價值 2000 萬美元，後來成為廢紙）。他當時不想出售任何股票，覺得「這是我最佳投資。」

他的妻子不是在金融服務業工作，有一天問起股票的事。她說：「親愛的，我們是不是把太多錢綁在同一個地方了？是不是該賣一些出去？」

羅德尼同意妻子的看法，以這件事當作 2008 年新年新希望，他承諾賣掉股票。但羅德尼沒有馬上賣出，而是假定股票後來會漲，於是下了一個訂單，一旦股價達到某個限定價格（稱為「限價單」，即 limit order），才會賣出雷曼股票。他選擇以每股 70 美元賣出，看似合理，因為他是以差不多 65 美元股價買下股票。到了二月底，股價大跌至 50 美元，短時間內股價不會漲到 70 美元，羅德尼只好認栽。他再次降低限定價格，剛好超出 50 美元。他想，只要達到這個新價格，就要賣出大量股票，滿足妻子的請求。

到了三月，雷曼兄弟股票跌得更慘，只剩 30 美元，但羅德尼告訴自己不要驚慌，公司價值不只每股 30 美元。只要股價回復到 40 美元，羅德尼就有自信他的 50 美元限價即將入袋了，只是時間早晚而已。但股票一直無法達到預定限價，所以他再次調低限定價格。然後再三調低，不斷降低。2008 年 9 月 15 日，雷曼兄弟公司宣告破產，股票變成廢紙。羅德尼丟了工作，還損失全部的 2000 萬美元利益。幸運的是，他還有 200 萬美元的存款，但是他和妻子必須賣掉自己的房子。儘管這個家從前不

須為錢煩惱，現在卻得開始錙銖必較了。

如同其他許多聰明人，羅德尼承擔過多風險，這就是他所犯的錯。這種令人震驚的錯誤極其容易犯下，極具潛在毀滅性。前面曾經提過，在我小時候，我父親曾任美國證券交易所場內的期權交易員，熱愛承擔風險，由於是獨立交易員，可以任意下注。但不受限制的冒險行為，最後卻壓垮了他。1980 年代初期，在股票多頭市場（Bull Market，牛市）開始熱絡之前，我父親喜愛執行一項名為「做空波動率」（short volatility，簡稱「short vol」，即短期波動性的操作）策略。這種賭注不是根據股票是否漲跌，而是根據股價是否能夠一直停留在某個區間內。

操作方法大致如下：如果某個名為「XYZ」的股票近來有點平淡，過去六個月以來的交易價可能一直介於 9 美元與 10 美元之間，交易員可利用所謂「衍生商品」或「選擇權」之類的金融商品，下注接下來三到六個月內，股票不會跌至 7 美元以下，也不會漲到 12 美元以上。當時市場實在是沒有什麼上下波動，做出這種賭注完全不用多想，可謂「天上自動掉下來的錢」。

我父親對「馬拉松石油」（Marathon Oil）這間能源公司執行做空波動。1981 年晚期，這間公司原本是美孚石油公司（Mobil

Corporation）以每股 85 美元收購的目標，但美國鋼鐵公司卻以更高價競標，而我父親沒預料到這一點。父親賭股價會一直維持在每股 85 美元左右，但美國鋼鐵公司提出高價競標，價格居然一時跳到 125 美元！公司股東興高采烈，但是在短短一天內，我父親卻損失了交易帳戶裡全部的 30 萬美元，以現今價值來看，大約剛好是 80 萬美元。他沒得選擇，只好轉行找新工作。信不信由你，他後來輕鬆找到工作，這家公司就是馬拉松石油公司的期權管理公司。他向親友借錢還債，然後全數清償，讓整個家保有償債能力，沒有破產。

　　不要拿自己的財務未來瘋狂壓在單一賭注上，不論有多麼有利可圖。冒這種風險並不聰明，也沒必要。投資時，採取中庸之道才是上策，訂定合理的財務目標，只接受達成目標的必要風險，就算市場起伏，也要自始至終堅守計畫。我稱此為「防禦性駕駛」（defensive driving）投資理論。遵循這類「被動式」法則，久而久之，就能朝目標推進，不會淪為情緒的俘虜，也不會扭曲我們對風險的認知，造成錯誤判斷。一旦達成目標，你便能享受得之不易的財務自由，而不是在一把輸光後，只能繼續拚命工作。只要遵照本章後面提到的簡單步驟，你甚至會發現自己擁有比金錢還重要的東西：真正的快樂。

不要聽信山頂洞人的投資建議

聽到羅德尼或我父親這些人的故事，有些人可能無動於衷地說：「吉兒，拜託你嘛幫幫忙，他們所作所為本來就完全愚蠢又不負責任。我可能會犯錯，但絕不會做那麼蠢的事。」

別這麼肯定！過度承擔風險，通常與你的聰明程度無關，也不代表你有多少責任感，是跟個人心智對風險的態度有關。我們通常會認為自己理性看待風險，但其實內心隱藏著不少內在認知偏誤，影響我們對機率的判斷，造成錯誤的財務決策。丹‧伊根（Dan Egan）是美國知名的機器人理財公司 Betterment 行為財務投資總監，他在一場訪談中告訴我：人類「總是沒有妥善注意未來，不然就是太過關注錯誤事情——那些閃閃發光、多姿多采又迷人的事，而非枯燥乏味的無聊事，但其實後者較有效益。」更危險的是，我們甚至沒有察覺自己有這些傾向。

根據伊根所言，千萬年前，人類大腦的演化環境，與現代情形大不相同。其中最重要的是，多數山頂洞人壽命約為三四十歲，不是七八十歲，因此人類大腦的演化並非是為了理解一些長時間發展的現象。山頂洞人知道什麼是複利或一般的加成概念嗎？譬如「天天運動，長期累積效果」這種概念？想必他們不是很了解。這就是為何我們仍會覺得這些概念有點違

反直覺或不自然，以及為何許多人短期目標做得不錯，長期策略規劃卻不太在行。

例如，我們來思考認知科學家所謂的「近因偏誤」（recency bias，又稱「近因效應」）。人類的爬蟲腦（reptilian brain，即：腦幹）把焦點放在短的時間範圍，傾向於注意近期發生的風險相關事件，且假定這些趨勢會一直持續下去。如此一來便造成盲點，看不見既有模式中的變化，因此使我們採取不理智的行動，無法反映真實的風險程度。

現在到處都看得到近因偏誤，仔細觀察就能發現。例如，我們可以在預防保健的決定中看見。在 2009 到 2016 年之間，儘管醫師建議要施打流感疫苗，很多地方也都有便宜疫苗，但還是只有大約 40% 美國成人施打流感疫苗。造成這種情況的原因很多，包括長久以來的迷思，認為疫苗會導致自閉症，或讓人得流感。另外還有許多人抱持由來已久的偏見，認為「『得到流感』這種事絕不會發生在我身上」，也是原因之一。許多人告訴自己「我覺得很好，何必施打流感疫苗？」沒錯，你現在覺得很好，過去幾星期也不錯，但是從現在起的幾個月之後呢？近因偏誤會扭曲一個人對風險的認知，造成人們不去採取行動，反而增加了風險。

　　進行投資時，許多認知偏誤都會紛紛冒出來，例如，「損失規避」（loss aversion，人們在期盼獲利時，會有恐懼損失的傾向）或「錨定效應」（anchoring effect，人們在做決定時，傾向於過度偏重某些片段資訊）。但是根據我的經驗，近因偏誤是最危險的偏誤盲點。前面提到的客戶看到房市漲了好幾年，就假定接下來一定會繼續漲。他們認為自己不需種種保險，因為向來身體健康。但世事多變，人生無常。古埃及人、馬雅人和羅馬人當年都是無敵的，但這些文明早已崩潰。制定健全的財務決策，需要超越近期的時間範圍，去考慮未來可能有的不同狀況。我們必須比平常更認真看待風險概念。

　　假設你的公司更新 401（k）計畫，現在必須選擇新的共同基金，你重新檢視基金選項與績效。基金「A」投資積極成長型股票，前一年財政年度提報 2% 損失；基金「B」是另一種積極成長型投資組合，吹噓有 6% 得利。你要選擇哪一種？你最可能選的是提報得利的基金。既然可以選一直上漲的基金，何苦選擇爛基金？因為你是人，就這麼簡單。你假定這些基金的未來績效將一如近期表現，持續維持同樣的績效。

　　但是近期績效不保證未來績效。不相信？仔細看看基金公司給你的厚厚一疊說明書，通常會有免責聲明「過去績效不保證未來收益」。監管機關強制要求基金公司以書面寫下這句話，

但幾乎所有投資人都無視這項警告，做出一貫行為──甘冒風險，購買去年有獲利的基金。這裡舉個很好的例子。2016 年，最頂尖的投資績效資產是天然氣，當年獲利高達 57.6%。你或許會說：「哇，我也要買！」大錯特錯。到了 2017 年，天然氣變成所有持有資產中排名倒數第三，下跌 21%。

這就像我父親的巨額投資失敗，不是因無知而造成，而是沒有察覺到近因偏誤。在 1970 年代晚期，股市不景氣，我父親動用大筆現金當賭注，認為特定公司股價將維持平穩。同樣的，對於馬拉松石油公司的賭注，他以為自己也已經徹底衡量評估過風險。事實上，他過於偏重近期績效，忘記了股市所具有的基本現實狀況，亦即公司股價可能基於任何理由（例如：戰爭爆發、天災、公司高階主管錯誤的營收預期等），各種原因造成股價總是以出乎意料的方式上下震盪。羅德尼的例子也是由於近因偏誤作用所導致。他公司的股票一直保有價值，甚至近年還增值，因此他認定股價會繼續這樣維持下去[1]；連他那不太懂金融的妻子也認為他該賣股了，也沒能夠讓他及時賣出股票，分散資產。

1・熟悉度偏誤（Familiarity bias）：投資人「對於熟悉的投資項目有所偏好，儘管多元化投資組合顯然有利」，也會發揮作用。偏誤經常同時會有數個，彼此交疊互動，造成不良的決策制定。請見 H. 肯特・貝克（H. Kent Baker）和維克多，李恰亞爾迪（Victor Ricciardi）的「偏誤如何影響投資人行為」（How Biases Affect Investor Behaviour），於 2014 年 2 月 28 日發布於《歐洲財經評論》（European Financial Review）http://www.europeanfinancialreview.com/?p=512

　　羅德尼和我父親的故事只呈現了近因偏誤的一半風貌。在我們的思維中，這種盲點會以兩種方式擺盪，導致過分承擔風險以及過度恐懼。在 2012 到 2018 年之間，標準普爾 500 指數（S&P 500）上升了 100%，令人印象深刻。然而，如同《華爾街日報》於 2018 年的報導：在此六年間「瞄準美國股票的個人投資型共同基金已撤出一兆美元」。引述一位分析師的話：「沒人覺得激動，如今已不像 1999 年和 2000 年那樣，酒吧電視播的都是全國廣播公司商業頻道（CNBC）的股票訊息。」原因是什麼？你是否認為，金融危機讓許多美國人輸得精光，是與這件事有關？沒錯！許多個人投資者都有不好的經驗，不論在意識層面或潛意識層面，他們擔心同樣的壞事會在未來重現。這是典型的近因偏誤例子。

　　當然，許多投資人不只受制於近因偏誤，還可能因為損失而產生創傷，更加恐懼。我看過許多人經歷重大損失後，再也無法放鬆，不能承擔合理風險。1990 年代中期，有位女性繼承亡夫的 300 萬美元遺產。她開始學習「當日沖銷」（day trading），自己操作得不錯；到了 2000 年代中期，這筆錢變成 500 萬美元。股市在 2008 年下跌時，她損失 150 萬美元。震驚之餘，她立刻從股市撤出所有錢，換成現金和低風險債券，永久保存這筆資產。雖然她仍賺得少許收益，但過去十年卻錯失了原本可實現的 250% 報酬率。我父親也是，自從賠上整個交易

帳戶後，他被這種經歷嚇到了，下半輩子變成過度謹慎的投資人，動輒對於自己和子孫的虧損緊張兮兮（你看，我們真是可憐的小孩啊！）。

近因偏誤的兩面刃有助於解釋，比起主動式管理的投資，為何我所提倡的被動式投資法通常可以產生較佳收益。我提倡的方法是：對於投資分配方式，先制定一項計畫，然後去執行這項計畫，即可安然度過市場的動盪。若採主動式管理，容易對近期投資績效有情緒化的反應。一旦投資下跌就害怕，會傾向於想要把錢撤回，換成現金存放，直到價格回穩為止；如果上漲，就會想投資更多。

其實你該做的是反其道而行。如果你把錢從日漸下跌的投資項目撤回，然後靜候回穩，你會錯失一段價升。事實上，你是在賣低買高。如果你把錢挹注到已經高漲的投資裡，價格接近巔峰，會很容易受到後續價格下跌的影響。這些小動作都是因偏重近期發生之事，產生恐懼和貪婪，受到影響所致。研究發現，主動式投資人雖想要追上標準普爾 500 指數績效，在長達二十年的期間中，反而每年落後 2.8%。因此最聰明的投資還是「**被動式投資**」。

不要再和人比較

認知偏誤重要又危險，但在投資時，卻不是聰明人自找麻煩唯一的原因。許多人根本不了解個人的風險容忍度。當市場上漲熱絡之際，我們會告訴自己可以承受更多風險，甚至超乎實際能力。於是，一旦機會出現，就搶著承擔過度風險，不懂得懸崖勒馬。痛苦的教訓告訴我們，我們根本無法容忍這麼多風險。

我的客戶有一對夫妻，在 2000 年代中期，近七十歲之際以教師身分退休。他們的養老金還不錯，加上社安保險，可以全數涵蓋需求。他們夠幸運，能存下一筆錢安穩退休養老。卻不聽我的忠告，把錢全數投入股市。

我問他們：「為何冒這麼大的險？一點道理都沒有！」

他們說：「我們不需要這筆錢，想為子女投資。」

好吧！我想，如果他們要為子女投資，且在近期或甚至中期能夠承擔部分或全部的金錢損失，還算合理。但後來市場下跌，我的客戶做了什麼？他們拋售一切離場。如果從頭到尾他們能承擔較為適度的風險程度，損失便不致如此龐大。

回頭看我們自己，大多數人可能都像這對夫妻一樣，高估自己的風險承受能力，任由情緒影響決策判斷。

　　還有人是因為嫉妒感和匱乏感太過，因此承擔太多風險。我們容易根據別人擁有之物來衡量自我價值，有些人蠢到為了與別人一較高低，採取高風險投資舉動，毫不顧慮自己的目標和風險容忍度。

　　我認識一位名叫琳達（Linda）的救護人員，就是典型例子。她哥哥是家具設計師，非常成功，而她總是覺得自己不夠有錢有名，對此感到不安，缺乏自信。有一天，哥哥告訴她可投資名家設計師的一些古董椅，如果現在買進椅子，一兩年後再賣出，即可發大財。她想，這項投資代表她的大機會，可以拉平她與哥哥之間的較量，成為家人眼中的「成功人物」。我提醒她，要確認所購家具是真品，價格還要吸引人。琳達說她會，結果卻為了投資這些家具，拿自己單親小家庭的房子去申辦房屋淨值貸款（Home Equity Loan）。這些家具後來證明是假貨。琳達損失了幾乎全部的投資款項。

　　我們懷著對別人的嫉妒，覺得自己匱乏。在我經營自己的投資公司時，為了擴大生意，我只收取相對較低的薪水。有次同事賺了一兩百萬美元，我卻只賺了一點點。我母親說我有個

老同學，從前上高中還要課後補救數學，竟然剛買了一棟 600 萬美元的房子，聽到這件事，你覺得我自尊心有受到打擊嗎？若我說沒有，就是在撒謊。但我從不憑感覺做事，我不想為了快速致富，就把錢砸入高風險騙局。

如果想建構一個健全的財務未來，必須試圖不理會外在因素。你最好的朋友在比特幣賺了 10 萬美元，不代表你須把自己的小小儲備金全數投入下一波虛擬貨幣熱潮，只為跟上。你的富豪姊姊把錢投入沒人懂的生技股票，不代表那對你來說也是個好投資。健全投資的祕訣在於要有自知之明，照自己的規則來做事。讓我們快速看一下這究竟是什麼意思。

吉兒的成功投資五步驟

我們可為自己建立調節機制，幫助自己獲得報酬，不受近因偏誤和其他扭曲的想法影響。丹・伊根（Dan Egan）把這項機制比喻成眼鏡：眼睛無法正確聚焦，所以與其瞇著眼看，人類製作這項有趣的裝置，靠在鼻子上，幫助我們看得更清楚。同樣的，我們的財務也需要一整套趣味小裝置。我的「眼鏡」投資版本，是一套簡單的五步驟系統，幫助你簡化投資決定。做的決定愈少，內在偏見的破壞機會的就愈少，即使市場震盪也不需擔心。只要穩穩坐著，讓這套系統自動處理

即可。很酷吧？以下是你該做的事：

第一步：注意「三大問題」

你是否已經償還部分債務？是否已準備可支持六到十二個月開銷的緊急預備金？盡量籌足退休金？以上皆非？那你讀這一章幹嘛？投資，想都別想，除非你處理好「三大問題」。

第二步：建立財務計畫

處理好了「三大問題」，現在怎麼辦？你是否該想好分配資產的辦法？不。首先，你須制定一個範圍更廣泛的財務計畫，包含財務目標、未來收入來源及風險容忍度。你的投資應該要能協助實現這個比較大的財務計畫。

制定財務計畫，需要認真思考：你打算幾時退休？能夠運用的社安保險福利是什麼？是否會繼承遺產？是否有其他收入來源？除了退休生活寬裕，未來還有能力還想要什麼？希望照顧年邁父母？打算幫小孩支付大學教育費用？預計購買或租賃一個渡假屋？（讀過上一章後，我希望答案是「以租代買」！）

回答了這些問題以後，為了達成投資目標，請計算你所需的報酬率。我建議你這樣做：網路上有很多退休金計算公式，按下數字，你可能會發現投報率必須要達到出神入化之境（例

如 10% 或甚至 12%），才有辦法存夠晚年費用。若是這樣，你需要換一個計畫。有些人相信只要冒足夠的風險，即可能達到10% 收益，但情況並非如此。從長遠來看，高風險投資組合不太可能讓你能夠達成目標，因為它的震盪太劇烈，會讓你嚇到，趕緊出脫。即使你投資的時機點很不錯，但萬一景氣翻轉，極難脫身。在你投入存款之前，是否考量過你的年紀與餘命年數再來做決定？相反的，如果你按按數字，發現達成目標根本不需要冒太多風險。在這種情況下，你可保有一個「平淡的」投資組合，在股市震盪中不會有太大的波動。

網路上到處都有風險評估問卷調查，你尚未評估嗎？你還在等什麼？或者，你該提醒自己，想想 2008 年 9 月當時你的感受？那時整個市場看起來似乎完蛋了。你對損失是否痛苦無助？輾轉難眠？你因為太惶恐，過度核對帳戶，還是相反，出現鴕鳥效應（Ostrich Effect），再也不想聽到壞消息？

如果起始目標風險太大，請拋開這些目標，做較為實際的選擇。你或許無法在五十八歲退休，而要等到六十四歲。或許只能供小孩上公立學校。或許退休以後必須妥協，不能夠再像現在一樣，一個月能用一萬美元，而是只能八千美元。通盤思考一番，或許可向值得信賴的理財師尋求協助。面對自己的現實，未來就可以不必受徹夜難眠之苦。

第三步：分配你的資產

一旦你建立合理目標，計算出達標所需的報酬率，你就能以承受最低風險的方式開始投資。你會想要分散風險，將投資分為五個基本類別：股票、債券、不動產、商品、現金。如果可承受較多風險，投資組合可偏重股票或商品。只能承受較低風險，可著重債券和現金。不管哪種情況，你所選的資產分配方案，必須能反映你的風險容忍度，而且不論時機好壞都要堅守。資產分配重點在於：從長遠來看，當一部分資產組合發生變化，另一部分也要跟著改。當然，各種資產經過多年都會有消長的情形（請聯想 2008 年和 2015 年），但隨著時間延長，這種策略的運作會趨近穩定。根據研究和常理顯示，一份考慮周到又詳實的資產分配計畫，能夠定期性重新恢復平衡，可幫助投資人度過市場的極度變動，避免貿然行事。

第四步：堅守計畫！

每一年，在你的投資中，總可能有一項資產類別看起來比其他還差，此時你會蠢蠢欲動，想把錢從績效較差的資產，轉移到績效較佳的資產。但千萬別這麼做！要對你的計畫有信心，資產分配的整體效果，長期才能產生最佳成果。你必須謹記，市場會變化，但你的條件依然不變！對於你的分配是否太保守或高風險，也別壓力太大。你的股票債券分配比，究竟是 70/30 或 60/40 或 50/50，並不能真正決定你終生累積多少財富，關鍵

在於能否持續存錢，同時還要自我克制，別犯下本書中其他的大錯。

一旦提出計畫，我發現最好的做法就是大致上忘掉它，把焦點放在生活其他部分。別太執著！在任何特定時間，若你問我的投資帳戶狀況如何，我無法給出確切數字，這是因為我只有每季核對一次。我分配了不同的股票，反映我的風險容忍度（以我為例，我的股票與債券是 50/50），而我是長期投入，所以不須每週或每月知道狀況如何。這是被動投資最大的好處！

我的確需要定期重新檢視投資組合（至少一年一次，不過我偏好每季一次），使分配與計畫保持一致。如果某季股票表現良好，我一定會把某部分的股票收益轉入其他四個分類，以維持我想要的比例。或者，假如我像一些人一樣，每年收到新的公司配股，我會出售一部分股票，維持既定分配比例。然後再說一次，也可以登記自動再平衡，很多金融公司都有提供這項服務，我也高度推薦這種方法，就不須費心定期維護了。

第五步：每三年重新檢視你的分配

你是否曾經歷重大的人生變化？堅守計畫固然重要，但情勢偶有生變，需要你承擔更多或更少風險。假設你的父母突然死亡，而你繼承 500 萬美元，現在，你不再需要為子女理財，

儲蓄百萬美元教育費。你可承擔較多風險。另一方面，可能你的配偶過世，你變成單親，你決定離職照顧小孩，依賴存款和配偶壽險保險金過活。先前你可能分配 75% 資金投入高風險股票，如今卻無力承受儲備金有某些虧損或全部損失，於是你把這項分配降至 40%，甚至 30%。

在這類狀況裡，你變更計畫，不是因為某項資產或其他資產是較有吸引力的投資，而是因為你的人生有重大轉折，財務需求和風險容忍度也隨之變動。若投資組合遭受衝擊，或某項「穩贏」投資機會來臨，你腦中的「近因偏誤」小小聲音可能試圖說服你改變風險容忍度。請自問：我的人生變化是否真的需要做出改變？如果不是，深呼吸一口氣，然後回到第四步。

第六步

沒錯，我的「防禦性駕駛」投資法還有一個第六步，而且是最好的一步：在夕陽餘暉之下散步。你已深思人生目標，算過數字，雕琢計畫，不論時機好壞都要堅守計畫。現在，經過一番煞費苦心，你可以休息一下，享受人生。或許你還沒成為億萬富翁，也沒有百尺豪華遊艇，可以航行加勒比海地區。

但你並沒有破產，不須去當鄰近超級商場的接待員。再者，不去理會外在雜音，心裡會有特別的滿足感；花時間了解自己

和你的夢想，忠於自己的價值、原則和個性，讓一切美夢成真。你不但有退休儲備金，心境平和，你所擁有的幸福快樂，來自於堅固的根基。

經過大風大浪，我父親領略了幸福之道。損失整個交易帳戶的錢以後，開始去上班；他了解，自己必須與夥伴一起合作，才能抑制他的過分冒險衝動。於是，他加入另一間專業公司，終於成為合夥人，還清所有欠款，精心為自己量身訂做財務計畫，並且堅守到底。雖然他的計畫過於保守，卻在六十歲出頭就能退休。

我父親原本可以再工作一段時間，累積更多財富，但他決定不這樣做。有一次他跟我說：「妳知道嗎？我不想這麼拚命工作，到死還瞪著股市螢幕。」對他來說，與家人共度時光，享受圓滿人生，遠比淨值數字的增加還重要。他從不眼紅親友比他有錢，也不為了和他人較輸贏而修改過於保守的投資策略。他知道自己要什麼，尊重自己的限度。他於七十六歲平靜安祥過世。他曾受貪婪驅使而甘冒風險，卻從錯誤中得到教訓，典範長存，足為後人楷模。

你有必要冒著過多風險，吃盡苦頭才得到教訓嗎？還是現在就開始遵守紀律，幫助自己克服情緒和認知偏誤？你是

否努力朝著自己設定的目標過日子，還是永無休止追逐金錢，把自己逼瘋？

只有你自己知道答案。請做出聰明選擇。

蠢事•••7

保護個資人人有責

　　我父親的故事還沒說完。那時他是七十三歲，就在過世前幾年的某一天，他打電話來，說「完蛋了」，認為自己遇到「身分盜竊」（*identity theft*）問題。顯然，美國國稅局（Internal Revenue Service，IRS）聯絡他的會計師，他們認為我父親是身分盜竊的受害者。「身分盜竊」當時尚未成為舉國皆知的話題，但是國稅局已部署軟體，把迥異以往的退稅資料做上標記。五十年來，我父親從未收過退稅，也未曾準時報稅，他總是在展延期報稅。但那一年二月報稅季節開始之時，國稅局很快就收到他的報稅，聲稱我父親還有 3 萬美元聯邦退稅可拿。真是有夠可疑。

　　根據我們的判斷，國稅局說得沒錯，有人企圖假裝是我

父親，想要詐騙國稅局。我父親雖然會用電腦，卻非特別精通科技；最有可能的是他在收發電子郵件時，無意間點擊了不明連結，洩露個人資料，尤其是透露了他的社安保險安全號碼。他根本沒料到自己有多麼容易遭受這類詐騙。他發現，一旦竊賊取得他的社會安全號碼，僅需申請退稅，再變更地址或電子金融轉帳（Electronic Funds Transfer，EFT）指示，時間一到，美國政府就會歸還應付退稅給竊賊。然後，當父親**實際**申請報稅的時候，國稅局就會說：「艾爾比先生（Albie，我父親的名字），你看來似乎哪裡搞錯了，因為我們早就收到你的報稅。」當然，這是假設國稅局還會說人話。

這類詐騙時常發生，造成每年數十億美元損失。幸運的是，個人申報者不須為損失負責，政府吃下這些損失。但納稅義務人繳稅資助政府，也就意味著我們繳的更多稅，其實是集體為這些詐騙付出代價。

2017 年，美國消費者信用評分機構易速傳真（Equifax）發生大規模個資外洩，自此之後，身分盜竊成了熱門新聞，專家痛斥消費者太容易受到各式詐騙詭計傷害。我們是否該相信這類大肆宣傳？

絕對要相信。

　　大多數人──包括最聰明的人在內──都輕忽身分盜竊。他們沒有採取基本的防範步驟，例如：經常更改密碼或核對信用資料。近來的研究顯示，年過三十的研究參與者有 81% 使用相同的密碼。至於年輕的研究參與者，這種粗心現象甚至更氾濫，使用相同密碼的有 87%。另一項研究發現：在易速傳真個資外洩事件發生後幾個月，有一半的受訪者懶得核對自己的信用報告，沒有確認身分是否遭竊。至於十八～三十七歲的受訪者，有幾乎一半不是不知道易速傳真個資外洩事件，就是僅有含糊了解而已。順道一提，如果你是這群人之一，提醒一下：駭客盜取一億四千六百萬個美國人資料，包括姓名、地址、生日、駕照號碼和社會安全號碼，其中可能就有你的資料。還有其他研究發現，有 40% 的受訪者使用未加密的無線網路登錄，而有 35% 無意間點擊社群網站的連結。

　　就光明面而言，根據美國民調機構皮尤研究中心（Pew Research Center）統計，有 52% 的美國人說「自己至少有某些網路帳號使用兩步驟認證」。但是等一下，這就是說，有將近 50% 的人沒有使用兩步驟認證。所以我在這裡還是必須要解釋什麼是兩步驟認證。單因素認證（single-factor authentication）需要輸入用戶名稱和密碼；而兩步驟認證則為過程添加另一項身分驗證資訊，譬如：傳送認證碼到你的手機，再到網站輸入認證碼，才可獲得存取權。雙重認證（two-factor authentication）會延長大

約六十秒的登錄過程，但是對大多數人而言，顯然太久了！

　　我們缺乏耐性，態度又懶散，徒留空門，自陷於相當大的壓力和不便，不然就是遭受實質財務損失。相信我，你不希望身分被盜。重新登載個人相關資料實在很痛苦，要花好幾個月的努力，還需律師和其他專家的協助。亞當・萊文（Adam Levin）是紐澤西消費者事務處（New Jersey Division of Consumer Affairs）前主任，專門處理身分盜竊事務，寫了一本書《身分被竊：如何保護自己免受詐騙份子、釣魚客和身分竊賊侵害》（*Swiped: How to Protect Yourself in a World Full of Scammers, Phishers, and Identity Thieves*）。**這本書是關於某個女人身分被竊，歹徒以她名義犯罪。**萊文寫道：這個女人「每次只要出門，就必須擔心交警臨檢之類的尋常小事，因為表示可能會拿她的駕照來比對執法機構資料庫，她的『紀錄』就會被發現，有人可能大喊逮捕她。」身分盜竊害這個女人損失上萬美元，讓生活徹底陷入地獄。如她所述：「七年來，在我生命裡的每一天，我和詐騙調查專家總是進行電話溝通，試圖釐清每件事情始末。」

　　你害怕了嗎？最好要怕！面臨易速傳真個資外洩這類駭客事件，你須假定自己的個人資料已被「暗網」（Dark Web）得知。在此向不熟悉這種概念的人解說一下：「暗網」是一種網站，僅能透過特殊加密瀏覽器進入。罪犯可以利用這些網站犯下各

類違法行為，例如：購買毒品、惡意軟體，甚至是你的個人資料，而且不會被執法機關發現。好消息是：你可以採取一些步驟，使竊賊難以造成嚴重破壞。就像你在紐約市停車，你會笨到不關車窗，讓別人看到你放在裡面的 GUCCI 名牌包嗎？絕對不會！你至少會把車窗鎖上，名牌包放在後車廂（不過我媽會說放在後車廂也很蠢）。對於身分盜竊，你也該採取相同作法。嚴肅看待，基本上必須多加留意，保持警戒。讓竊賊挑選較不謹慎的目標下手吧！

聰明人也會被駭

我猜大多數讀者放下書以後，會去做別的事，然後全然忘記身分盜竊帶來的嚴重威脅。許多人可能認為自己太聰明，絕不會發生身分盜竊。你知道要記住正確密碼，不能隨便給社會安全號碼，不要亂點垃圾信或「網路釣魚」郵件。有了防護全部到位，你覺得身處「安全」網路空間。

其實，你並不安全。專家會告訴你：數位科技從頭到尾都有漏洞。我也認為自己很安全，直到我在播客訪談了網路安全專家凱文‧米特尼克（Kevin Mitnick）。他以「全球最厲害駭客」而聞名，當過貨真價實的網路竊賊，在聯邦監獄蹲了五年苦牢，包括八個月的單獨禁閉。現在，企業付錢給他和他的團隊，駭

入自己公司網路，了解有哪些弱點曝露在外。廣播節目結束後，為了展現竊賊怎麼做，米特尼克要我提供兩項資訊：我的姓名和地址。他登錄網路，不到五分鐘，就取得我的社會安全號碼，以及其他幾項非常私人的資訊。不論你有多麼聰明睿智。所有人的資訊都不是安全無虞的。

如果你認為聰明睿智可保護你免受身分盜竊，那麼，我來說個笑話給你聽：要用多少博士，才可保護你免於身分盜竊？答案是：要超過兩個。我的朋友傑森是常春藤聯盟大學博士，用電子郵件寄了一張 4500 美元的請款單給客戶，這個客戶也是博士，在另一個國家某間備受推崇的商學院擔任教授。他的請款單內含電匯說明，讓客戶匯款。傑森一直都在等這筆款項，覺得很奇怪，為何匯款沒有進帳。他寄了一些提醒信給客戶，但都沒得到回應。幾星期後，在早前即已排定的 Skype 電話裡，傑森終於聯絡到客戶。客戶說：「我早就匯款 4500 美元給你了。」她大聲唸出她所用的電匯資訊。

我的朋友說：「這不是我的銀行帳戶。」

進一步調查顯示：傑森客戶的大學電子郵件帳號被駭客入侵。駭客攔截傑森附有正確電匯資訊的原始電子郵件，不讓客戶收信。然後駭客再寄出一封新信，表面上假裝是傑森，而信

件內容卻替換成假的電匯指示。駭客也攔截了傑森後續的電子郵件，再度阻擋他的客戶讀取這些信。她不知道傑森一直試圖取得聯繫，也不知道這幾個星期以來她被詐騙了。駭客很可能一直以「請款單」或「電匯說明」之類字眼掃描各種電子郵件。

傑森和客戶從中學到教訓，**絕對不要**經由電子郵件發送電匯指示或任何其他敏感資訊。既然駭客有他的銀行帳號，傑森必須結清帳戶，另外開立新戶。他的客戶損失金錢，銀行拒絕補償。從那時起，傑森比以往更加小心電子郵件用途。他說：「每當我寫任何內容，我都會假定詐騙歹徒有可能會讀到這封信。這陣子以來，我變得較少使用電子郵件，反而改打電話。我以前從未多想身分盜竊的事，現在，我深受這件事困擾。」

還有其他不少原因，使聰明人低估身分盜竊引起的風險。行為經濟學家丹‧伊根（Dan Egan）告訴我，我們有限的注意力在財務決定上，扮演重要的角色。就算銀行提供獎勵金開立新戶，許多人還是不會頻繁更換銀行帳戶，因為人們想要盡量減少自己所需監管的帳戶數量，身分盜竊也掌握了相似的道理。「我們自認具有冷靜、完美、理智的良好判斷力，知道每件事應該有不同密碼，每次登錄都須二步驟雙重認證，但就是不願記住。」

根據伊根的觀察，身分盜竊是一種相當難以捉摸的威脅，

因此較容易被忽視。比起車禍，我們更害怕空難；畏懼茲卡病毒（Zika virus）更甚於害怕心臟病，即使車禍和心臟病折磨人數更多。身分盜竊就類似心臟病或車禍，因為我們沒有意識到這是一種重大災難。竊賊可能經由電子郵件偷取一點點個人資料，可能掃描你的社群媒體網站，取得其他資訊；竊賊也駭進你經常光顧的公司，轉售給其他竊賊，取得更多個人資料。竊賊在彙整所有這些資料後，便具有能力，使你的人生變成一場浩劫。假使你有某項關鍵資訊被偷了，例如社會安全號碼，可能要等好幾個月或幾年後，你才會蒙受負面後果，這時你才會發現。許多人或許知道身分盜竊威脅是一種問題，但在事情發生以前，不會有直接感覺。許多人可能記得鎖上車門，卻不設定兩步驟認證，一點也不讓人訝異。

有些人缺乏行動，只是因為潛在詐騙實在太多，不知道自己可能成為哪種詐騙受害人。傑森告訴我：「我從未聽聞這類詐騙手法，不知道只要用電子郵件傳送匯款資訊就有風險。」各位是否曾想過，嬰幼兒也可能成為身分盜竊的受害者？我一直以為不會，直到有人打電話到我的廣播節目，說他的兩歲兒子身分被竊。他真的不知道究竟如何發生，或許無意間按到什麼，或是在平日生活中不小心說出了什麼。但不知什麼原因，竊賊取得他兒子的社會安全號碼，以他名義開始申辦信用卡帳戶。這位打電話的人沒有蒙受財務損失，但他的確耗了一年

時間，與國稅局、聯邦貿易委員會（Federal Trade Commission，
FTC）和警察局共同合作，把事情解決。甚至直到現在，他兒
子的資訊依然流落在外。他已安排凍結兒子的信用資料，也已
採取其他預防措施，但兒子仍舊可能受到其他潛在詐騙傷害。

常見的詐騙手法不勝枚舉，會隨著新科技與人們的行為變
化而不斷演進。慈善機構打電話來，懇求你捐款，要你提供一
些個人資料？這很可能是詐騙。收到國稅局寄來的電子郵件，
通知有退稅可拿，只需輸入你的個人資料即可？這肯定是詐騙，
國稅局絕對不會以電子方式聯絡你，只會用傳統郵件通知。你
在約會網站與人聊天，這個人看起來好到讓人不可置信？也或
許是詐騙。就在你自認了解有哪些主要方面易受攻擊之時，新
的詐騙手法已經冒出來了，充斥在電子郵件、社群媒體，平常
瀏覽網站的時候也可能遇到。

在許多情況裡，我們無法保護自己，是因為不了解企業究
竟如何使用我們的資料，還有我們的個人資料是被何種方式所
侵害。在易速傳真個資外洩事件後，有兩位知名網路直播紅人
請我解說個資外洩，以及這代表什麼意義。其中一人說：「可
是我從未留資料給易速傳真。」

我回答：「我知道。但每當你申辦貸款或簽署信用卡協定，

你都是在同意後面附屬的所有小字體細則，授權給企業，同意聯徵機構調閱你的信用記錄，這些機構包括易速傳真。他們就是這樣取得你的資訊。」

這是一位極為聰明且頗受推崇的人，數百萬個美國人仰賴他傳達當日最重要議題，而他居然對信用聯徵沒有基本了解！缺乏這類知識，他就不容易提高警覺，妥善保護個資。許多聰明人終日汲汲營營過生活，根本沒注意小心處理個人資料。他們說：「我不知道這些事怎麼運作，我認為大公司會保護我。」這些大公司不會保護你。還差得遠呢！你必須付諸全力保護自己。

最後，我猜許多人根本就是太懶了，不願保護自己免受科技之害。我們喜愛社群媒體、智慧型手機和其他通訊科技帶來的便利，但就是沒興趣處理這些隨著科技強加而來的麻煩。關於如何處理你的資料，行動電話業者、約會 APP 或網路訂餐程式業者，傳送權益披露表單或合約，內容這麼冗長，有誰想要細讀其中的小字體附屬細則？誰想花時間關注密碼安全？寫電子郵件或簡訊時，誰會想到自己洩露了什麼資訊？誰想到你是否使用「點對點」加密（end-to-end encryption），是否用安全伺服器？我們只想過生活，忘掉全部麻煩事。但我們不能。

凡事多疑

　　這一章寫到這裡，讓我先暫時打住，不再繼續說服你拿出行動，採取可行辦法，來保護你的身分資料。請你先閉上雙眼，想像我在家裡的辦公室硬著頭皮打出這些字句。我知道這些建議措施：1）很無聊；2）了無新意[1]；3）猶如芒刺在背。我知道你真的、真的、真的有更好的事要做。而我知道，許多人會遵從我的忠告，到頭來仍被詐騙。話雖如此，我會盡可能為我的「十點計畫」加料，使內容看起來較生動有趣，至少可幫助你降低受害機會。

　　為了預防身分竊盜，你現在就應該這麼做：

1. **保護自己的個人資料，就像保護自己生命一樣**：交出你的社會安全號碼？或許可以，但一定要問這是否為完成交易手續所需。若你與往來的公司不需要社會安全號碼，千萬別給。也絕對不要給完全不認識的人。

2. **少在社群媒體提供個人訊息**：你的朋友根本不在乎你是否到馬丘比丘（Macchu Pichu）遺跡旅遊十天，或你是

1・本節所述建議，源自我的部落格「吉兒談錢」（Jill on Money）一篇發文，標題是：「易速傳真個資外洩事件：該怎麼辦？」（Equifax Data Breach: What to do），寫於 2017 年 9 月 8 日，網址：https://www.jillonmoney.com/blog/equifax-data-breach

否超愛剛剛收到的一萬美元新型家庭影音娛樂系統。但是竊賊會注意。他們認真搜索社群媒體，監督你是否離家外出，匯集你的個人資料，出售給其他人或用來當作往後的詐騙手段。如同亞當・萊文所言：「臉書（Facebook）和其他社群媒體網站可真是身分竊賊的『黃金國』（El Dorado）」

3. **警告年輕人和老年人**：孩童在社群媒體透露許多資訊，竊賊知道這一點。警告他們這樣有危險。你的年長父母和祖父母同樣也是容易受到攻擊的目標。要他們警覺常見的科技相關詐騙，提醒他們：若邀請孫子女成為臉書好友，也需注意不要在臉書過度分享私人事情。一個簡單提示：絕對不要寫出你的生日，也別假定社群媒體的即時直接訊息安全無虞。

4. **密碼不設定 12345678**：你需要更強的密碼，而且每月都須更改密碼。我知道這很煩人，但企業要你這樣做，一定有理由。如果需要幫助，不妨用密碼產生器。

5. **務必使用兩步驟認證**：有密碼還不夠。如果可能，要以兩步驟認證保護帳戶，就好像在自家大門加裝的鎖具有額外的暗鎖，也像戴了兩層保險套，而不是一層。這樣你懂了吧？

6. **使用信用卡**：如果你的簽帳金融卡被盜刷，你可能必須自行負擔損失。但信用卡公司通常會吃下這些損失。

7. **使用加密式 Wifi 無線網路**：如果你在機場登入公共無線網路系統，去檢查自己的銀行餘額或支付帳單，你必須知道這樣做實在錯得離譜。切記：只能登入「安全加密」的網路。這可不是廢話。

8. **付款前請先查明**：我是在要求你做一件常被忽略的事——在網站點擊「支付全額」之前，先花三分鐘時間讀一讀你的信用卡消費明細表。這很簡單，甚至讓人容易忘記。想要知道帳戶是否被盜，其實還有另一種方法：如果某筆授權款項超過某個設定的金額，可要求你的金融機構通知你。大多數機構都有提供這項服務。

9. **每十二個月檢查一次**：體檢與身分盜竊有何關聯？我不是說這個，我是在說檢查自己的信用評分，每年一次，確認海參崴（Vladivostok）某位名叫「德米特里」（Dmitri）的人沒有用你的名義申辦車貸，買一台別克（Buick）新車。最棒的是，annualcreditreport.com 即可免費查詢。

10. **看、聽、學**：及時了解最新詐騙相關消息。除了固定注意每日新聞之外，你還可在 Google 新聞提醒欄設定主題。務必查詢美國國稅局的「十二條騙術」（Dirty Dozen）年度稅務詐騙清單。

這十條的整體主題即是「凡事多疑」。不是要神經質，也不是偏執，更不是「嚇得輾轉反側，必須借酒入眠」。不過，

若你已變更密碼，想來杯琥珀色酒精飲料犒賞自己一下，倒是無妨。以上的十點是很容易採取的行動，幾乎不用花什麼時間，總比你被詐騙後收拾殘局來得省事，只須身體力行即可。

　　若你的資料已經被盜，該怎麼辦？千萬不要驚慌。採取真實行動，保護自己，只需不到一小時。聯絡益博睿（Experian）、易速傳真（Equifax）或環聯（TransUnion）這些信用聯徵機構，要求他們在你的信用報告加註「詐騙警戒」（fraud alert）字樣。你僅需打電話通知這三大商業徵信所其中一家即可，因為聯邦法律強制任何一家都需通知另外兩家。還有另一間信用報告公司「伊諾威士」（Innovis），你也需個別聯繫。雖然可能無法完全預防，但這種方法可讓壞人更難以你的名義申辦房貸或信用卡。你需每隔幾個月重新通知這些機構。若你已經被騙，請通報聯邦貿易委員會（Federal Trade Commission），還要報警。

　　在易速傳真個資外流慘劇後，我極度熱衷於「暫時凍結信用」。你須主動聯絡三大信用報告機構，凍結你的信用，每一間都要。雖然麻煩，但可預防有人以你名義取得你的信用。若你後來希望取回信用，你必須正式要求移除凍結，可能要花幾天時間，所以如果打算買房、購車或申辦新的信用卡，要把這點列入考量。雖然延遲時間有點拖拖拉拉，但不管怎樣，大多數人可以忍受等候幾天時間建立信用。若要買房，你可利用這

段時間，深思是否真的需要買房，而非租屋（看看第五章吧！）

採取基本步驟，保護自己

1970 年代期間，我在紐約市外地區長大。我們的鄰里街坊常有犯罪事件發生。有人經常遭竊或財物被毀，但城內也有不少搶劫或械鬥，超像影集《法律與秩序》（*Law and Order*）裡的狀況。我父親很擔心。他說：「好吧！我們鎖上前門。信不信由你，我們以前沒這樣做過。我跟妹妹很討厭這個主意，因為我們每天進出屋子跑上跑下好多次，鎖上前門可真是嚴重掃興。我父親非常堅持，說一定要鎖門。於是，我們走到哪裡都得帶著鑰匙。實在很討厭啊！但這是現實，很快就習慣了。

現在，防範身分盜竊也是同樣道理。直到科技迎頭趕上之前，我們不得不捨棄某些自己所喜好的便利，才有辦法保護自己。而且，事關我們的身分，鎖上前門還不夠，還必須鎖上後門、側門、陽台落地窗等。有游泳池的話，最好也把圍欄門鎖上。一定要有所警覺，確實有必要小心提防。竊賊可能駭入與你有業務往來的大公司網站，取得你的資訊，而且，若你是用未加密的無線網路線上購物，實在很蠢，竊賊更有可能找上你。

說到蠢事，我有朋友說過，她應該穿印有「SAP」字樣（中

文意思是「傻瓜」）的運動衫。我問她「為什麼？SAP 代表什麼意義？」

她回答：「不代表任何事。我是傻瓜，每次都被騙。」

千萬別當身穿 SAP 衣服的人。保護自己的資訊。個人資訊安全有很大一部分是你無法完全掌握的，但應至少採取基本步驟保護自己，否則就是自討苦吃。

說到這裡，還有許多你不該穿的衣服款式（但我可不是在寫時尚書籍），例如別穿寫著「我從前噴掉太多儲蓄，毀了退休生活」這種 T 恤。聰明人也會犯下這種大錯。他們費了那麼大功夫，花時間存錢養老，卻因過度沉溺享受奢華生活而毀了一切，但事實上他們無力負擔豪華旅遊或豪宅之類事物。這在我的世界裡可真是罪大惡極，因為可能讓人年屆八九十歲窮到別無選擇。我們將於下一章探討原因。

蠢事•••8

退休初期，過度消費

　　當你一開始翻閱此書，看到「蠢事」兩字，你可能認為在某個時刻我會用手指指著你、威嚇你，要你存更多錢退休養老。若聰明人做了蠢事，必定就是沒有存夠退休金，對吧？

　　錯了。

　　你是聰明人，所以我假定你已存了不少退休金。你知道要盡量擴大雇主提繳金額的退休金計畫（Employer-Sponsored Retirement Plan）（例如：401(k)、403(b)、或 457 退休計畫），

甚至可能提繳款項到「後門羅斯個人退休金帳戶[1]」（back-door Roth IRA，可說是理財規劃領域所發明最迷人的字詞），還累積相當不錯的非退休金存款數目。此外，讀過第四章後，我很肯定你把退休養老列為優先，而非分攤子女的大學開銷，即使放棄華麗花俏的昂貴私校，改為就讀高品質、聲望卻沒那麼高的公立機構。

　　雖然你可能是全世界最會存錢的人，我**不會**假定你一到退休年紀，就懂得如何**花用**所有辛苦累積的錢。我認識一位名叫葛洛莉雅（Gloria）的離婚女子，年約六十五歲即已退休。她有 200 萬美元資產，還有一個很棒的海濱住宅，價值大約 120 萬美元。葛洛莉雅年輕時過著相當高檔的生活，在很棒的餐廳用餐，購買昂貴汽車，到世界各地旅遊。葛洛莉雅的理財師告訴她，退休以後必須稍微縮減開支，因為雖然 200 萬美元看似很多錢（就當時的現值而言較高），她必須確保這些錢至少能維持未來幾十年生活。理財師喬（Joe）考量她能每月從社安保險領多少錢，再計算她的消費和其他收入之後，理財師算出她每年可

1．「羅斯個人退休金帳戶」（Roth IRA）。截至 2018 年，僅限個人收入少於 135,000 美元者，可以提繳款項到羅斯個人退休金帳戶，夫妻限額則是 199,000 美元。不過有種巧妙方法可以規避這樣的規則：開立一個無法抵稅的 IRA 提繳方式（毫無稅務優惠），一旦開立完成，可以把這個 IRA 轉換成羅斯 IRA。這是一個小技巧，完全合法，但有點複雜難懂。我們理財師稱為「後門 IRA」。如果你還有開立其他可以抵稅的 IRA 帳戶，則另有一些棘手規則。所以，在做任何事之前，務必先與財務顧問或認證會計師徹底研究個人狀況。

安全提領 6 萬美元，但不能再多。

葛洛莉雅承諾恪遵預算，但事實很快證明，她無法改變自己的高檔生活習慣。當她需要新車，她選擇一輛 75,000 美元的賓士汽車，而非價格約一半的本田雅哥。喬很質疑這項決定，但葛洛莉雅說：「拜託，我才不要開本田汽車呢！」同樣的，為求縮減開銷，葛洛莉雅賣掉房子，改租公寓。她選的是一間非常寬敞的三房公寓，而非便宜一點的一房公寓，雖然後者卻較符合她的預期收入。喬大聲說：「葛洛莉雅，妳負擔不起！」葛洛莉雅說：「別這麼掃興嘛！我有三個小孩，需要多餘房間，他們來看我時就能留宿一晚。喬按照她目前的開銷費率，計算數字給她看，她在七十歲左右就會把錢花光。但她根本聽不進去。她說：「誰知道十年、十五年後我是不是還活著？我要把握現在，盡情生活。等到以後遇到麻煩，再來談省吃儉用。」

年復一年，喬一直力勸她撙節開支。一年年過去，她總是拒絕。到了七十五歲左右，她與理財師已認識大約十年，這時她的錢已全部花光，僅剩社安保險金可領。她被迫搬到更便宜的狹小出租公寓，她從未想過自己會生活在這樣的社區裡。更糟的是，她必須伸手向子女要錢，才有辦法支付每月帳單，因為她的社安保險金不夠用。與她想要的養老生活簡直是天差地遠。

　　我還認識另一對夫妻納特（Nate）和萊斯莉（Leslie），他們年屆六十歲出頭時，同樣也累積 200 萬美元退休存款，另外還有 50 萬美元的非退休資產。納特是一名醫師，萊斯莉是老師，他們決定提前退休；剛開始的十年，打算每年從存款提領十萬美元。這筆錢加上社安保險金，已可以讓他們維持習慣的相同生活方式。進行簡單分析後（下文會詳盡說明），我說他們的計畫已足夠合理。但納特和萊斯莉沒有告訴我他們想去旅行。我們初次談話後兩年，我再度聯繫他們，才發現他們參加了幾趟大型昂貴旅行，造訪印度、澳洲和非洲等地。他們解釋：「我們還年輕，要趁著體力尚存，遊山玩水。」話是沒錯，但總要自己能負擔得起吧？

　　等我們重新再計算數字，結果顯示：非退休存款幾乎已被納特和萊斯莉噴光，僅剩 5 萬美元。再加上股市下跌，他們的 200 萬美元退休存款僅值 180 萬美元。接下來，如果納特和萊斯莉想要靠這筆錢度過餘生，每年只能從退休帳戶安全提領 65,000 美元。兩人大感震驚，被迫大幅縮減生活開銷，取消高爾夫球俱樂部會員資格，從兩輛車變成一輛，只能偶爾到餐廳吃飯。根本不是他們想要的夢幻退休生活。

　　就如職涯工作期間規劃存錢一般重要，你也必須投注相當的努力，通盤思考將來如何花用退休金。如果退休後前幾年你

太過放縱，後來的幾十年你就沒有足夠金錢，在後來幾年或數十年維繫自己的生活。我知道你實在心癢難搔，想趁仍身體還健康時盡情享受生活，充分享受晚年。你已經努力工作這麼久，現在是該好好享受的時候了。我也不是要詛咒你，或許你認識一些親友比預期早死，甚至都還沒機會享受「黃金歲月」。所以，請盡情享受生命，緊緊抓住每一天，因為你值得，但花錢要合理。十年或二十年後，你將很高興自己沒有亂花錢。

為何不可能「安逸度日」

退休早期傾向於過度放縱，過度消費，會導致長期規劃失敗，這是不變的道理。這麼多聰明人不知道老了以後究竟需要多少錢，真令人訝異。在職期間，我們會把錢投入 401（k）計畫，但大多數人鮮少坐下來有條有理地檢視數字。誰會想要思考老化和死亡？於是，歲月流逝，一旦年屆退休，便開始大肆花用。看著退休帳戶裡的錢，數字相當可觀，100 萬、200 萬、300 萬或更多，然後跟自己說：「哇，增加的可真多，我要趁著體力還很好，把錢花在自己身上，我會好好的。」我的回答是：這可不一定。

假設勤奮工作，努力存錢到 401（k）計畫裡，再搭配公司提繳的錢，你可望累積 200 萬美元退休金存款。對許多人而言，

這個數字聽起來很龐大，尤其是對照一般美國人所存的極小金額——根據報告，年近六十歲之時，一般家庭大約只存 16 萬美元退休金。在此面對現實，反思一下。猜猜看，一旦達到退休年紀，你每年可從這筆 200 萬美元存款提領多少？想要長保無虞，大約每年只能提領 6,000 到 65,000 美元。況且，這筆退休金你還得支付所得稅，因為這筆錢來自退休帳戶，而美國政府想要分一杯羹。所以，在合理運用之下，200 萬美元的退休儲備金其實只能換算成大約每年 45,000 美元的收入。

有些理財師不表認同，主張人們應該根據投資盈餘來限制年度提領額度。但就我的經驗而言，這種作法效果不彰，因為人們都需要延續性的指示以求長久規劃。我大致估計，合理計畫僅能容許每年提領退休金的 3% ～ 3.5%。所以，按照你目前每月開銷（你是否已花時間釐清？追蹤六個月的金錢流向，即可得知答案），假設你每月需要 15,000 美元的退休收入。而你和配偶兩人預期每月領到總計 5000 美元的社安保險金收入。為了每月要有 15,000 美元花用，你必須存夠錢，扣稅之後，每月可以產生 1 萬美元、一年 12 萬美元。若不計通膨等因素調整，年屆退休之時，你需大致存下 400 萬美元，比你原先預估的還要多一倍。很驚人，對吧？提到退休，百萬美元根本不算什麼。若把通貨膨脹列入考量，數字甚至更驚人！

你或許會說：「吉兒，別這樣。我現在雖然每年花 12 萬美元，但退休後我就不會花這麼多錢。子女長大後，我會改住較小的房子，養育費不像以前那麼多，其他大型開銷也變少。」接著，你眼神閃閃發亮：「而且，到時候我也不需負擔退休金提繳費用了，對吧？」

話是沒錯，若是在幾十年前，理財師可能會認同你，建議你依照略低於年輕時期的開銷額度，來規劃退休預算；如果年度開銷以 10 萬美元計算，或許你的退休預算每年只需 8 萬美元。但這陣子以來，大多數顧問都會假定你往後的開銷差不多等於現在的開銷。即使不需花太多錢在房子或存款，也不需每月提繳一些錢到退休存款裡，但健康照護費用日益升高，所以也需考量這項因素。根據一項估計，「在 2018 年，六十五歲退休夫妻平均需要儲蓄將近 28 萬美元（扣稅之後的金額），以涵蓋退休的健康照護開銷。」而這個數字還不包括長期照護費用。如你所見，千萬別把退休當成笑話。務必認真思考，因為數字可能比預估還高。不能假定自己的錢一定夠就算了。

你抗議：「但是吉兒，我是說真的，我一定會省吃儉用，開銷會**一直降低**，所以退休金一定會超過未來我的消費。」聽著，但願這是真的，不過，總是有人告訴我要縮衣節食，後來卻無法大幅減少開銷，我聽過太多次了；如果聽到這種話可以

賺 1 美元，我早就成為超級富豪啦！請仔細聽吉兒大嬸的話：由奢入儉難，除非你願意徹底改變自己的生活方式，搬到生活消費較低的地區（最好是沒有州所得稅的地區）[2]。若你賣掉自己 100 萬美元的房子，在附近還不錯的養老社區買一間 60 萬美元的小公寓，你可能自認未來生活無虞。但你需繳多少「資本利得稅」（Capital Gains Tax，CGT）？在過去五年期間，若其中兩年你曾住在自用住宅，一旦出售，國稅局可容許不計 25 萬美元的利得，已婚夫妻則可不計 50 萬美元。如果出售價格大於原始購屋價格，就會被課稅。而新買的小公寓每月管理費多少？新家裝潢費用是多少？你想要使用的額外設施有哪些（必須付多少費用）？新家搬遷費用與應繳的房產稅費是多少？加總所有款項，就知道「節省開銷」是否能如你想的存錢。

當理財師拋出這類複雜問題時，客戶通常充耳不聞。看，你現在不就是這樣？為何如此？多年來，經過無數次這類對話，於是我閱讀神經科學和行為金融學相關研究的書籍和文章，然後猜想，這類對話可能會驚嚇我們可悲的爬蟲類腦（腦幹）。退休期間所需要的數字與未來財務需求會讓人喘不過氣，於是人們避而不談。

2・你問：哪些州不課徵州所得稅？佛羅里達州就是如此，若你不喜歡住在這個「陽光之州」，還可以選擇阿拉斯加州（Alaska）、內華達州（Nevada）、南達科他州（South Dakota）、德州（Texas）、華盛頓州（Washington State）和懷俄明州（Wyoming）。

更何況，雪上加霜的實情是：你可能無法負擔自己想要的退休生活（遑論應得的生活了）。多麼令人沮喪！然後「啪」的一聲，你的理智腦短路了，自古殘留的杏仁核開始接管一切，切換成「戰或逃」模式，停止聽信你的顧問（或你的朋友「吉兒大嬸」）所說的話。在本質上，你已無力處理，因此會覺得忠言逆耳，退休一兩年後，即使你真的負擔不起，也要來一趟為期一個月的肯亞野生動物狩獵之旅。

深入來說，許多人對忠告充耳不聞，退休時做出糟糕的開銷決定，是因為他們覺得喘不過氣，憂鬱沮喪，或只是覺得心裡不舒服而已。我們工作生涯很長，退休養老看似抽象遙遠，雖非此時此刻，但有朝一日終於會發生。我們想像退休生活的情況，卻未真正思考過。突然間，退休時刻到來，一個跟結婚生子一樣重要的生活轉變。

數十年來，我們起床出門工作，退休以後就不需要了。好幾十年來，身邊總有同事相互扶持或煩擾，現在沒有了。幾十年過去，人生有目標和進取心，現在消失了。長達幾十年時間，我們總以為自己可以永遠活下去，現在明白了。不僅如此，身邊還圍滿了專家，七嘴八舌告訴我們什麼該做與什麼不該做，要盡情揮灑「黃金歲月」。變成子女向我們提出建議，我們也會想到父母所立下的榜樣。資訊實在太多！對了，我差點忘了

提，還有令人毛骨悚然的死神環伺在側。這些都足以讓人嚇壞，不想理睬實際數字，忽視理性之聲，做出差勁開銷決定，我們說：「管他去死，我要活在當下。」於是真的這樣做，到頭來深感懊悔。

避免退休恐慌

這一章夠令人沮喪嗎？且讓我們扭轉奇蹟吧！說真的，若你在六十歲後期或七十五歲左右退休，做過糟糕的開銷決定，便不太能再改變什麼了。除非中樂透（不過這種機率太低），否則必須徹底調整生活方式，以免遭受經濟拮据的風險。另一方面，如果距離退休的時間仍有十年以上，在財務與心理方面還有許多事都來得及，一旦退休時日到來，即可做出健全的開銷決定。而我說的「許多事」，是指可以事先採取的五項關鍵行動，降低痛苦貧窮的機會，避免退休恐慌。

行動一：必要的五分鐘對話

強迫自己坐下，按按計算機。我建議：針對你的計畫，與自己進行一場簡單的五分鐘對話。在我的廣播節目和播客訪談裡，經常與打電話進來的人這樣對話。打來的電話大約有一半是關於退休，大多數情況下，這些人對於所需金額，以及當前必要的財富累積決策，僅有粗淺理解。我原本可以跟他們說「財務機構提

供的退休計算方法不勝枚舉，請洽詢其中一項即可」，但他們很少聽我話，不想花時間坐在電腦前面。所以，可以改用我的五分鐘對話代替。準備好了嗎？請假裝你打電話到我的節目：

吉兒：我們先以月為基準，算算你預期需要多少錢。你需要支付什麼帳單？加總所需基本開銷，譬如：房子、伙食、水電、保險、醫療照護等費用。你得到什麼結果？

你：（說出計算結果）

吉兒：很好，現在算一算，你每月的預期娛樂開銷是多少？要納入考量的費用像是：在豪華餐廳用餐，例如放三顆豌豆在盤子裡的那種；旅遊（要以十二個月均分）；損友帶你去附近賭場無腦狂歡；與閨蜜好友來幾趟 SPA 水療一日遊；搖滾歌手布魯斯‧斯普林斯汀（Bruce Springsteen）演唱會的幾張門票；買了新的義大利重型機車 Ducati（杜卡迪），或蠢到打算購買遊艇，每月的月付金款項（當然，你應該用租的就好）；其他讓你感覺更年輕的事等。

你：（列出這些娛樂開銷）

吉兒：現在，若你必須對他人持續履行義務，也請加入每月

的開銷。你是否打算支付某些金額，資助父母的照護費用？是否幫助成年子女繳付車貸，或支付孫子女的夏令營費用？

你：（列出義務費用）

吉兒：很好，現在把計算出來的全部開銷加總起來。總計多少錢？

你：（說出總計數字）

吉兒：做得好。這樣就差不多了。什麼？只花了兩分十九秒時間？現在，我們繼續計算你退休時期的預計收入。你會拿到公司養老金嗎？

你：（回答）

吉兒：如果有公司養老金，你真是幸運的傢伙，因為絕大多數的人都拿不到。有社安保險金嗎？有什麼樣的保險給付？你配偶還有什麼補助金？

你：（回答）

吉兒：什麼？你不知道？快去美國社安保險管理局網站（SSA.gov）查詢，你就可以看到辛苦工作換來多少退休金和稅費，這個網站很讚。假定你將持續工作到「完全退休年紀」（Full Retirement Age，簡稱 FRA），可能是六十五～六十七歲左右。（別再哀號了，我從這裡就聽得到你在唉唉叫）

你：我沒有唉唉叫！

吉兒：噢，抱歉，那應該是我兩隻無敵可愛的諾威奇梗犬（Norwich Terriers）吵著要吃零食。告訴我，在退休期間，你是否可從不動產得到任何收入？你是否啣著金湯匙出生，這輩子不愁吃穿，有父母給的信託財產？

你：（回答）

吉兒：好，現在我們已經隨手記下這些資訊，有趣的事來了。把你預期的每月需求總數，減去未來收入，然後，嘿！你需要籌足的魔術數字就出來了。這個數字是什麼？

你：（回答）

吉兒：現在你有這個數字，計算一下，你總共需要多少退

休存款？假設你每年只能提領這份存款的 3%~3.5% 用於每月
開銷。得到什麼結果？

你：（回答）

吉兒：看到沒？還不算太差嘛！

你：吉兒，妳說得沒錯，真了不起。我很高興終於算出來
了！我覺得自己好像重生，變得煥然一新，迫不及待閱讀本書
下面章節，還要買幾本書送人！

好，別太興奮。你僅需明白：算出退休的合理財務需求並
非難事。現在已經算出來，你便能評估自己現有的資產是否能
夠維持你想要的生活方式。如果不能，你仍有時間想辦法在退
休期間增加收入。若你夠幸運，擁有的錢比當前退休計畫額度
還要多，那麼請動起來！你可考慮把錢投入羅斯個人退休金帳
戶（Roth IRA），如果已經放太多錢到羅斯個人退休金帳戶，
可以把錢轉投入「非抵稅式個人退休帳戶」（non-deductible
IRA），再轉換到某項迷人的「後門羅斯 IRA」（Back-Door
Roth IRA）。或僅僅是把錢存在平凡古老的非退休投資帳戶，
然後購買指數型基金各種多元投資組合。你可以想辦法縮減開
支，譬如：賣掉房子轉而租屋，或賣掉一輛車。要怎麼做，決

定權在你，但現在正是時候，調整你的存款計畫，退休之時，才可負擔得起較為奢侈的生活。

經過上述練習，有些讀者（特別是年輕人）可能質疑：納入預期的社安保險金收入，這種作法是否合宜？在十年或二十年內，社安保險金不是就會破產了嗎？畢竟，懷疑論者可能認為，我們付出龐大的社安保險信託基金，現在必須用來支撐戰後嬰兒潮退休人士，相對少數的人，在職涯壯年期支付這個款項，隨著時間過去，這項計畫將無償債能力。事實上，根據社安保險和醫療統籌信託基金受託人協會（Trustees of the Social Security and Medicare Trusts），即使不做任何動作，到了 2034 年，仍有足夠資金留存，大約 77% 的應允給付可供領取。況且，由於華府機能不良，也不會有任何動作。

我其實不相信「破產論」這種悲劇劇本。起初，社安保險是用來當作人民退休收入的「三腳凳」（three-legged stool）其中一腳，另外兩腳則是公司養老金和存款儲蓄。隨著時間過去，企業養老金大幅縮水，其他諸如醫療照護等費用卻日益高漲，幾百萬人全仰賴社安保險金支撐退休命脈。單就此項基準而言，這項計畫根本不會消失。若有政客想要搞垮社安保險網，社安保險金依賴者及家屬將利用投票權，狠狠懲罰這些政客。不過，較有可能發生的是：社安保險變得較不慷慨大方。有資格領取給付之

前，一個人可能必須再多工作幾年。或者，可能必須支付更多錢到「社會安全稅」（FICA），資助這項制度，或是社會安全稅的應稅所得金額可能提高。結合此類措施，這項制度仍將存續下去。我安心勸告各位，請將社安保險金納入退休計畫考量。

行動二：重新思考你的退休年紀

按按數字後，若對結果不甚滿意，別擔心，除了存更多錢之外，還有其他方法，照亮你的退休道路，但需再多工作幾年。前面的納特和萊斯莉夫妻犯了錯，其中一項就是在六十歲出頭隨即退休。如果納特和萊斯莉延後幾年退休，就能累積額外「娛樂費用」，在「無事一身輕」的頭幾年，有錢去幾趟豪華度假。等到退休時，仍然年輕健康，足以享受旅行。

有些人沒辦法多工作幾年，有些人一想到還要長時間過那種多一分鐘都嫌討厭的日子就受不了。至於對大多數人來說，「多工作幾年」是理當考慮之事，特別是因為：a）可有更多時間，提繳更多錢到退休計畫預存款項裡；b）避免動用儲備金；c）增加社安保險金的退休月付額。根據最近研究顯示，「延遲三到六個月退休，對退休生活水準所產生的影響力，如同多存了 1% 的三十年勞動報酬點數。」

社安保險是大多數美國人退休收入的重大部分，所以對退

休金額的影響很大。查詢美國社安保險管理局網站（SSA.gov）即可預估，若退休年紀是六十二歲、六十七歲和七十歲，分別可領多少錢。如你所見，晚一點退休，給付額就會大幅升高。你當然可以在六十二歲就使用這項制度，但如此一來，給付額將永久減少 25%；若配偶沒有工作，想要依你的記錄申請給付，配偶的給付額也將終生縮減。

相反的，在完全退休年紀之後若仍繼續工作，每多工作一個月，即代表有多餘的錢。若延遲到七十歲才退休，你的社安保險給付每年將增加 8%！這是毫無風險的收益增加！我有個朋友，在將近五十歲之時，年薪大約 25 萬美元，他發現：如果在六十二歲退休，每月僅能領到 1923 美元；等到六十七歲才退休，月領 2933 美元；繼續工作到七十歲，可領到 3714 美元這個極大金額。

延遲退休，像是給自己施打預防針，避免早期退休帶來的存在恐慌感，造成非理性的開銷決定。許多人不確定退休之後該做什麼。如果你是這樣，何不繼續工作，直到想清楚為止？把退休想成是另一種「工作」，若尚未找到新工作，你敢隨意離職嗎？不敢吧？

我認識一位很有錢的華爾街主管，他在六十三歲退休後，

陷入深度憂鬱，因為完全不知道該做什麼。他沒有特別嗜好可供追求，也無社安奮鬥目標能夠奉獻自我，更無從事第二事業——什麼都沒有。他的妻子不知該拿他怎麼辦。每一天，他起床後就在家裡沒精打采地閒晃，無聊的要命，快把妻子逼瘋了。最後他重返職場，在法律事務所工作，不是因為他想從事法律工作，而是因為他需要有事可做。我猜他應該夠滿足了，但他不是真的快樂。我認為這故事很傷感。假設他能夠繼續從事原來的工作，可以再好好多做幾年，也使退休計畫更具體。當然，退休計畫並非毫不費力就能「具體化」，你必須努力達成。這是下一點要討論的內容。

行動三：經常預想退休生活

　　許多人都不知道退休後該做什麼，因為沒有預先用足夠時間去考慮清楚。人們可能會有一些模糊的退休計畫，像是多打高爾夫，花更多時間與孫子女相處或更常旅行等，但他們沒有反覆思考具體內容，也無評估各種行動的利弊得失，這真是大錯特錯。若你年約五十五歲，現在正是時候，要盡可能設想你的退休活動和生活方式。問自己：

● 以前是否曾有什麼目標或抱負，是你想追尋卻從未有時間達成的？這些目標或抱負是什麼？你現在可以怎麼做？進修大學課程？開展事業第二春，譬如擔任顧問，傳授自己

事業領域的智慧給年輕專業人員？或者，想要寫一部「偉大的美國小說」？

● 來點體育活動如何？是否想認真從事任何運動？要如何做？加入健身房或鄉村俱樂部？想搬到陽光明媚的地方？想去遠方來一趟瑜珈避靜之旅？或是登山健行？

● 是否想像自己追求某種生活方式，譬如住在海邊？假如是，是否搬到新地方？還是要賣掉房子，改成租屋？打算搬到離子女較近的地方住嗎？如果是，要如何創造自己的生活，不致造成子女的生活干擾？

● 退休生活是絕佳回報社會的時刻。想參與哪一種社會運動或公民活動？想加入什麼組織？每週預估要花多少時間從事志願服務？許多退休人士教書或輔導年輕人，從中找到極大樂趣，不論是為女學生籃球隊提供協助，或是在地方社區學院擔任兼任講師都可以。是否有任何這類機會引起你的興趣？

● 想更加參與政治事務？成為贊助人，協助募資？經營地方政治辦公處？

● 想花更多時間照顧年邁父母、年幼孫子女或其他需要照護的家人？每週需要多少時間？要搬家嗎？即使不必擔任主要照顧者，也須考慮每週的時間分配，配合老邁父母的需求（請見第十章）。

　　你所建立的退休計畫愈明確，退休時基礎便打得愈好，不容易恐慌，也就不會亂花錢。規劃你夢想的退休生活，也會幫助你主動參與新活動。我有個朋友凱西（Casey），知道自己想要在退休時為社會奉獻心力，參與切身相關的社會議題。幾番思量後，由於自小在河邊小鎮長大，她決定為環保議題貢獻心力，尤其是乾淨水資源問題。她發現自己想進入慈善委員會擔任志工，發揮改變的影響力。但她以前從未任職委員會，該怎麼做？

　　凱西離規劃的退休時間還有好幾年，可以研究各類組織機構，看看哪一間適合她，著手培養關係。她開始擔任志工，提供小額捐助。幾年後，她認識某組織的發展總監，詢問是否可以更加了解組織使命和委員會發展計畫。她說：「請你了解，若有機會，我很樂意參與。」多虧有了這次會面，凱西退休後才有辦法迅速進入委員會席位，而不用多耗費好幾個年月。她不必經歷長時間的茫然失措，而是變得忙碌充實，退休一開始，生活便快樂有重心。

行動四：欣然接受銀髮

　　我不是在說「要懂得服老」。我是在說，應該更有創意的面對工作與退休的界線。許多人自困於「非黑即白」思維，因此陷入退休恐慌，到頭來反而提前揮霍無度。我們容易在「工作」與「退休」之間劃下清楚的紅線，好像兩者完全互不相干。

在這種模式下，「工作」代表你人生有收入的時期，「退休」是你不再領薪的時期。

　　仔細近看，就能發現工作與退休之間具有層次變化。如果你是醫師、律師或其他專業人士，無法再做全職工作，能否接受年輕夥伴加入，自己僅從事兼職？若是教授，能否從事兼任教職，每學期授課一兩個科目？若在公司或非營利組織任職，能否兼職擔任委員或顧問？很多組織都願意考量更多創意安排，他們可從你的經驗獲益，且不須再為你提供健保給付或退休補助金。你忙於自己的工作，領到部分工時支票，兩者皆可改善你現在或未來的生活品質。你仍有時間，可帶孫子女參加足球比賽，來一趟畢生難得的旅行等。

　　我有位朋友是電視製作人，在六十歲出頭選擇完全退出公司，但還沒準備退休。於是，她開始四處探詢自由業性質的製片工作。第一年，她這份工作賺 4 萬美元，遠低於從前的年薪 14 萬美元，但還算可以。第二年，她賺了 6 萬美元，第三年是 8 萬美元。雖然她和先生不需這些錢維持生計，這些錢卻能大幅改善他們的生活品質，可作為旅遊等額外花費，還可提供部分，贈與孫子女的 529 計畫。若不想工作，她可婉拒接案。雖然她沒有健保，不過沒關係，她可以透過先生的工作獲得保險（他剛好也還沒準備退休）。這真是絕妙方法，可以慢慢踏入

退休生活，讓自己有辦法略為放縱。

　　你也可以在財務天平的另一端──支出面，找到一種折衷的辦法。納特和萊斯莉想趁身體硬朗健壯之時到印度或澳洲旅行，我完全能夠理解個中原由。但他們真有必要在兩年內進行三趟這種旅行嗎？或許一趟大型旅遊，就能滿足他們的旅行執念。或者，去一趟豪華旅遊，然後在離家不遠處進行兩次小型精彩之旅。或是選擇便宜的「最後一刻機票（Last minute fare）」旅行，降低食宿預算，到 Airbnb 網站出租自己的房子，分擔費用（沒有什麼比這個「旅遊密技」更好了！）

　　如果你像葛洛莉雅一樣，喜愛賓士汽車的外觀和質感，或許可以考慮二手。如果決定自己不常開車出門，所以不必買車，可以多走路，或請「優步」（Uber）司機代為接送。無論何時，只要蠢蠢欲動想大肆揮霍購物，請自問：真的是「需要」這個東西，或只是「想要」？葛洛莉雅或許認為自己「需要」三房公寓，可供兒孫留宿，但他們多久來訪一次？如果只打算偶爾來訪，可選較便宜的一房公寓，在兒孫來訪期間，資助他們留宿附近旅社，這種作法可省下不少錢，而且坦白說，小孩也更高興。同樣的，你每月只用一次高爾夫球會員，真的需要維持資格嗎？能否轉成基本會員，雖無意見表達權，卻較為低廉？現在你有更多時間煮飯，是否真有

必要每星期外食好幾次？現在不須每天穿著體面去上班，有
必要花這麼多錢買衣服嗎？

行動五：聘僱理財規劃師

　　我在第二章建議，當你面臨前所未見的財務狀況，千頭萬緒
不知如何處理，你可尋求（且付費聘用）專業人士幫忙。對大多
數人而言，「退休」符合這類狀況。堅持一切自己來的自助者，
在即將退休之際，經常打電話到我的廣播節目。雖然他們知道如
何把錢投入退休帳戶，但缺乏提領的策略。他們能夠負擔多少開
銷？財務是否健全，足以做自己想做的事？應以何種順序分配自
己的資產開銷？能否負擔得起慈善捐款或贈與孫子女？

　　若不確定如何處理此類問題，這值得你花一些錢，向專業
人士取得真正建議。退休的確是人生重大轉變，你從未涉足過
這種領域，因此承認你需要一些幫忙，沒什麼大不了。但千萬
拜託，要聽第二章的另一項忠告：確認你諮詢的理財師具有「受
託責任」！看在老天份上，若要聘僱理財師，務必真正聽從他
們的話。千萬別像葛洛莉雅一樣揮霍無度。

不成問題的退休問題

　　有位名叫羅里（Rory）的男人打電話到我的廣播節目，提

問自己的退休藍圖。羅里說他來自北卡羅萊納這個大州,年紀六十七歲,最近剛剛退休,妻子最近也剛退休,比他小一歲。羅里說他一直都詳查自己的資產,想讓他們夫妻所持有資產「得到更佳規劃」,但他不知自己是否真的財務健全,想聽我的建議。一旦遇到景氣低迷,他能否平安渡過?

我先深入探究數字,以本章的「五分鐘對話」詢問羅里。他說總計社安保險金、養老金和不動產,每年的退休收入大約是 10 萬美元,足以涵蓋他和妻子的基本需求。在這筆錢裡,有 75,000 美元自動來自社安保險金和養老金,而另外的 25,000 美元則是來自其餘的退休資產。

於是我問他,他的退休資產有多少錢?他回答「200 萬」,再加上非退休帳戶裡的另一份 100 萬美元。還不算太差。此外,羅里和妻子還完全擁有自住宅所有權,沒有房貸。

我告訴羅里這個好消息:他的財務狀況棒極了!他不但懂得量入為出,即使遇到景氣低迷也能平安度過。有了 200 萬美元的退休存款,只要他想,每年可以提領大約 6 萬美元。但他還有養老金和社安保險金,因此只需每年提領 25,000 美元稅後款項。真令人驚歎!他的非退休存款給他額外緩衝,可花大錢去豪華度假,萬一景氣低迷,也容許更多安全保

障。依他們目前的開銷費率，羅里和妻子有足夠金錢維持到八九十歲，甚至更久。羅里必須做的是：千萬不要冒著過度風險投資金錢（請見第六章）。這對夫妻已經努力存夠錢，現在只要注意別過度消費。他們太厲害了！

你也可以聰明著手，準備退休。小惡魔在你的肩膀上，讓你不經思考的說：「啊，我負擔得起，人生只有一次」，讓這隻小惡魔消失吧！當然，人生不能重來，但「只有一次的人生」到頭來會比你想的還要長。請提早規劃，了解自己負擔得起什麼消費，然後花點時間，真正思考自己是否想要這項消費。

當然，若只把退休侷限在這種想法裡，可就大錯特錯。如同心理醫師或心靈導師所說，人的一生愈能自我覺察，不斷反思，境況就會愈好。而我這個財務導師也同意這點。你必須成為子女的榜樣。許多人在養育孩子的過程中犯了錯，不應該讓金錢擔任子女成長過程的重要角色。我們絲毫沒有察覺，子女承受了我們的金錢問題，接收我們的情緒垃圾，在成長過程背負不少包袱。若不想浪費多年時間在子女的心理醫師費用上，與他們溝通財務問題時，務必更加小心思量。請幫自己和孩子一個忙，繼續看下一章！

蠢事•••9

將個人的金錢問題強加在子女身上

　　我朋友瑪麗亞的父親名叫費爾南多（Fernando），於 1940 年代從葡萄牙移民到美國，在麻薩諸塞州福爾里弗（Fall River）安頓下來。雖然不會說英語，他仍想辦法找到工作，在一家小型紡織公司擔任守衛，週末還去打零工，補貼微薄的薪水。幾年後，他結婚生子。1950 年代，當時子女還小，由於修理任何東西都難不倒他，終於獲得紡織公司拔擢，很快地，他升任工廠營運主管，把家庭推上了中產階級地位。

　　儘管費爾南多的年薪相當於現今的 10 萬美元，他從未脫下鬥志旺盛的移民精神，這是他據以站穩腳跟的基礎。在 1950 年代和 1960 年代，他繼續週末打工，存下每分錢。他拒絕家庭度假旅遊，縱使家境足以負擔無慮，也拒絕每週給子女零用錢。

瑪麗亞和兄弟姊妹僅得到長大成人的基本所需，有遮風避雨的家，有食物可吃，學用品不缺等。父親不斷耳提面命，說東西有多貴，強烈要求他們必須省吃儉用；若他們想要同學視為理所當然的非必需品，就會有罪惡感。父親對他們說：「每件東西都是我辛辛苦苦賺來的，所以你們也一樣要工作。桌上的食物要花我多少錢，你們知道嗎？你們懂我工作有多麼辛苦嗎？」

瑪麗亞的父親可能認為，自己是在灌輸堅實的金錢價值觀，對孩子有幫助，卻適得其反，他喋喋不休到神經質的程度。這就有點像是父母過分注意小孩體重，要小孩培養健康飲食習慣，到頭來小孩反而討厭父母，或更糟的是，變成飲食失調。

我第一次見到瑪麗亞時，她大約三十多歲，金錢態度已經不健康。由於父親對待子女的態度很嚴格，譬如：不給子女想要的東西，讓子女總是有罪惡感等，她變得過度補償自己的子女，完全無法對子女說「不」。在 1980 年代，瑪麗亞和先生亞伯（Abe）住在芝加哥，兩人年收入總計 20 萬美元。雖然這樣的收入可供上等的中產階級生活方式，但他們家庭的可支配收入（disposable income）卻不多。芝加哥的生活花費很高，而瑪麗亞的兒子肯尼（Kenny）有學習障礙，所以家裡必須供他就讀私校。儘管如此，瑪麗亞堅持他們夫妻都要給小孩最好的，像是新衣服、零用錢、豪華旅行、夏令營等。瑪麗亞說：「我就

是不希望孩子跟我小時候一樣。」

　　子女上大學後，瑪麗亞持續寵溺他們。她堅持支付昂貴私校學費，不讓自己的小孩辦貸款或半工半讀，後來還買車給孩子，為車子申辦保險，幫忙繳付子女房租。子女手頭太緊，她會偷偷塞錢給子女繳付帳單。只要子女開口，瑪麗亞和亞伯全都答應，即使他們負擔不起。他們夫妻是拿什麼錢來支付這些饋贈？讀過第四章就會知道：他們挖走了自己的退休儲蓄金老本。還好兩人都夠幸運，有養老金可領，退休生活大致無虞。但如果還有其他需求，只能「絞盡腦汁自己想辦法解決」了。

　　瑪麗亞和亞伯確實大致上已「絞盡腦汁自己想辦法解決」，但她寵壞小孩的傾向，來自嚴重的情感傷害。她父親的行為造成她過度獨立──害怕要求任何事，因為父親很可能說「不」，讓她有罪惡感。現在問題變得剛好相反，儘管她的子女都已四十多歲，仍然過度依賴她。例如，她有個孩子年薪30萬美元，還搞不定如何買房，必須透過父母協助。另一個孩子則依賴瑪麗亞和亞伯接送小孩去夏令營。別誤會我的意思，她的子女都是功成名就的出色人才。不過，只要遇到問題，尤其是財務問題，就會求助媽媽。他們從沒有學過金錢方面的規矩，因此不懂得尋求解決辦法，也造成他們缺乏自信。

瑪麗亞一直都在寵孩子，付錢讓子女買超出負擔的奢侈品。這種作法使她自己和亞伯的退休老本愈加不寬裕。雖然兩人現在都已七十多歲，退休金依然無虞，瑪麗亞仍倍感壓力，持續兼差工作。同時，亞伯卻覺得受騙，說：「為了享受人生最後幾十年時光，我們年輕時拚命工作，現在年紀大了，她卻還得工作，耗盡生命，剝奪原本屬於我們人生的美好時刻。」更重要的是，瑪麗亞的行為阻礙子女成長為真正的大人，這全都是因為她從未認真面對自己的金錢問題，這個問題根源於她父親也從未調整過自己的金錢觀念。

你在處理子女的金錢事務時，態度十分重要。我自己從未當過父母（當然，所以我就變成專家了），但我時常遇到聰明人，他們的親子教育過分重視財務事宜，把自己的金錢問題強加在子女身上。有些人就像瑪麗亞的父親一樣，錙銖必較，就連最小的決定，考慮的也是金錢。他們用數落、哄騙的方式，教導孩子要節省。有些人則剛好相反，像瑪麗亞一樣寵壞孩子，沒有設定合理的金錢限度。還有些人羨慕身邊親友擁有的東西，總是在物質生活上不斷與他人比較；一旦比不上別人，就會忿忿不平，還會強迫子女要在財務上取得一番成就。這些父母把金錢放在全家最重要的地位，這種態度很不健康。他們自認是好父母，其實卻助長了子女的焦慮、不安全感、自我懷疑等負面情緒。

　　身為父母，面對金錢問題要努力求得平衡。指導子女認識金錢，子女才可明白金錢運作方式，負起責任，但千萬不要過度極端，以免子女看待金錢的態度出現偏差。父母自己必須與金錢保持健康關係（請見第三章），才可傳遞正面的態度、行為和價值觀給子女。金錢是沉重的議題，如果處理不佳，可能餘波盪漾，影響至下一代，帶來長期一連串的不良財務決定，更別提傷害親子關係，造成情緒混亂。關於在家如何談論金錢，以及實際上如何花錢，父母需自我反省，確定自己言行舉止傳達的是正確訊息。

「金錢情緒」

　　當我說許多聰明人「將自己的金錢問題強加在子女身上」，其實是指：在父母與子女間的互動中，父母灌輸太多情緒到金錢裡。第三章提到吉姆・格魯布曼醫師，某次訪談他曾提到「情緒化的決定，是大家最常犯的重大金錢錯誤之一」，本書通篇證實這項觀點。

　　即使不是進行特定決策，例如：投資、買房或租屋，我們的說話方式和金錢處理方法，仍舊會受到情緒影響。如果像瑪麗亞父親一樣對金錢總是焦慮不安，就會把錢看得太貴重，變成守財奴，成天想盡辦法囤積錢財，卻一分一毛都不願享用。

倘若我們的收入和別人相比非常寒磣，心生不滿，可能會對自己的財務自怨自艾，羨慕別人擁有的財富，過度想要加薪或完成一筆大生意。不管如何，我們的情緒表現都會被觀察力敏銳的孩子看穿，進而影響他們對金錢的看法；就算沒有對他們造成精神創傷，他們面對金錢也會變得情緒化，無法冷靜理性地處理財務問題。長大成人後，若他們做出情緒化的理財決定，因而付出代價，也一點不會令人訝異。

我的兩位客戶亞歷克斯（Alex）和安德莉雅（Andrea）是律師，於 1990 年代初期在舊金山灣區定居。安德莉雅在大型法律事務所擔任企業律師，為大型科技公司提供服務，而亞歷克斯在豪門家族的私人辦公室，擔任內部財務顧問。兩人年薪總計 70 萬美元，就多數人標準來說，他們收入頗豐。但安德莉雅和亞歷克斯仍不滿足，認為收入僅有 70 萬美元可真是要命，因為「可惡的客戶」是超級億萬富豪，只因為這些客戶剛好搭上跳板，成為大科技公司的創始員工，公司股票上市後，便賣股大賺一筆，實在夠幸運。公平正義在哪裡？

每晚回家後，安德莉雅和亞歷克斯總是抱怨自己工作有多辛苦，相較之下，還比別人賺更少錢。他們的長子史提夫全聽到了，於是認為：a）金錢凌駕一切；b）賺錢太少的人就是失敗者；c）如果無法功成名就，實在不配當人。甚至史提

夫在高中畢業之前，他和父母就已精心策劃，決心要成為大富豪。他會在大學修讀財務金融，輕而易舉任職投資銀行或顧問公司，躋身上流階級，拿到企管碩士學位，繼續從事金融工作，最後離職加入新創公司，首次公開募股即可大賺特賺。遵循這套路徑，他將「賺大錢發大財」。

　　起初，史提夫依照計畫展開人生。他進入一流學府，表現優異。畢業後在聲譽卓著的全球投資銀行工作，待遇優渥。他在工作上力求表現，想要獲得一番成就。但差不多就在此時，他開始覺得痛苦，痛恨爭強好勝同事，討厭盛氣凌人的上司，厭惡自己每週工作一百小時，只為了「做自己不喜歡的事」。他痛恨自己沒有以某種方式回報社會。他的朋友說，這份工作只需再撐個幾年，就可以去唸企管碩士學位，他卻聽不進去。他覺得自己在投資銀行業沒有未來，不想為了財富繼續任職。他夢想著以某種方式，運用自己的財經背景幫助他人，但不知該怎麼做。同時，他害怕讓父母失望。父母四處宣傳兒子在金融業成就了一番事業，賺了大錢。除此之外，其他事在他們眼中似乎都沒價值。

　　幾年來，史提夫硬著頭皮堅持下去，討厭自己的工作，卻渴望有一天情況改善。最後他再也受不了。他沒跟父母明說，隨即離職註冊上課，成為「認證理財規劃師」（Certified

Financial Planner）。他知道這不是金融業最令人嚮往或非常高薪的工作。他拋棄一流投資銀行業世界，改做理財師，朋友聽到此事後警告他「大家只把你當作二手車商跳板，用過即丟」。但史提夫不以為意，他嘗試過高名望的路徑，發現自己行不通。他不須像父母一樣「緊緊跟隨」他們走過的路。相反的，他視理財規劃為一種助人方法，幫助他們改變人生。他仍可從事金融業，但面對工作充滿熱情，享受較為放鬆的生活型態，收入雖不驚人，卻足夠體面。

幾年後，史提夫依然擔任理財規劃師的工作。聽聞以前同事事業上真的發了大財，史提夫偶爾會覺得一陣懊悔，畢竟他是個普通人。不過整體而言，他熱愛自己的事業，生活幸福快樂。他的父母嫉妒怨恨有錢的客戶和親友，導致他一開始選擇了不適當的職業生涯，耗費數年時間，歷經痛苦，最後人生才終於回到正軌。

一如史提夫預料，父母很不高興他決定離開投資銀行業。他們認為這是浪費生命，除非他變成超級富豪，否則不會幸福快樂。史提夫反而痛恨父母給他太多壓力，因為與父母對金錢的態度與目標不符，親子關係變得疏離。為何不讓他照自己的意願追尋幸福快樂？安德莉雅和亞歷克斯可能還要花許多年時間，才有辦法與成年兒子建立心滿意足的健康關係，一切都是

因為他們沒有釐清自己面對金錢的情緒。

在安德莉雅和亞歷克斯的案例裡，所謂的「金錢情緒」有嫉妒、怨恨，或許還帶點憤怒，但其他情緒也會造成傷害，尤以焦慮不安最為常見。我的朋友徹斯特（Chester）成長於1980年代，他的母親在家照顧小孩，父親自行開業擔任出庭律師，工作壓力很大。因為他父親專精於一種特殊形式的訴訟，一年僅能接到幾次大案。如果打贏官司，可賺50萬美元或更多（相當於現在的120萬美元）。如果打輸，僅能拿到極小部分的錢，有時卻整年賺不到，甚至還要賠錢。

因此，身為家裡唯一經濟支柱的他經常過度焦慮，批評徹斯特母親胡亂花錢，即使只是子女的小小要求，父親也一概回答「不」。有幾次他輸了大案子，為了周轉，整個家必須急遽大幅削減好幾個月的開支。徹斯特回想：「那些時日好恐怖。整體來說，我們的生活方式屬於上層中產階級，但經常有不確定性的元素。我父親的焦慮始終存在，或多或少讓家裡其他人心裡淌血。我們也變得憂慮，變得不健康、生活不積極，不知什麼時候會崩潰。」

長大成人後，徹斯特深受廣泛性焦慮症（generalized anxiety）之苦，他變得像父親一樣特別煩惱金錢。父親認為徹

斯特一開始就要從事「穩定」工作，讀完研究所再當教授。他照做，取得博士學位，但恨死這個工作了。在他三十歲出頭時，經過嚴重焦慮，他鼓起勇氣轉換跑道，擔任平面設計師，才開始覺得比較滿意。可是，他的焦慮感卻揮之不去。經營自己的設計生意，自由接案，他容易受到恐懼驅使而決定該接哪位客戶，如何與客戶溝通，還有如何處理偶發的問題或歧見。結果，他常常接受客戶砍價，接受較不喜歡又無獲利的客戶，還有其他一些不必要的退讓，事後卻很痛恨自己。

雖然他生活過得不錯，也為自己建立優秀名聲，卻時時陷入焦慮，懷抱失去的恐懼，總想著只要他出點小錯，客戶就會棄他而去。他跟父親一樣，面對金錢缺乏安全感，無力抵抗。經過多年掙扎，看心理醫師，他才有辦法克服這些情緒，變得更有自信，發揮自己最大的專業潛能。

徹斯特的父親讓子女面對他的金錢焦慮，這犯了大忌。吉姆・格魯布曼醫師告訴我：「請注意一件事：視子女年紀而定，父母須小心，別傳達太多焦慮給子女，以免造成過度負擔，否則子女真的無力理解或應對。」子女看到父母為錢生氣或憂心忡忡，很容易嚇壞，比父母意識到的還要讓他們害怕。這樣的記憶會烙印在腦海裡，形成潛在精神創傷。在財務方面，格魯布曼醫師說：「把焦點放在學習，維持『非情緒化』方式來了解金錢。」

　　父母也應知道：自己的廣泛性焦慮症如何影響行為，延及子女。回想第三章，格魯布曼醫師曾說過一位女性富豪的故事，她有各種焦慮，所以拒絕餽贈金錢給子女。子女不懂為何她這麼吝嗇小氣，認為這是操控手段。還有另一種情境，尤其是在豪門家族，父母拿太多錢給子女，因為對子女幸福感到焦慮，不忍心看到子女辛苦奮鬥。這些父母為了解決問題而花大筆錢，預防子女遭受重大（或甚至輕微的）挫折。格魯布曼醫師認為這種反應類似所謂的「鏟雪車式」（snowplow）教養：與其像「直昇機」父母盤旋在上空保護子女，「鏟雪車」父母擋在子女前面，清除道路障礙，為子女鋪設成功大道。當然這樣有點超過了，子女也學不會如何自行解決問題。為了安撫自我焦慮，父母施予金錢，子女反而成為受害者。

　　我從小就很幸運：父親是證券交易員，時常面臨市場起伏（包括重大挫敗，先前說過），但他不是特別焦慮的人，也不在我和妹妹面前表達財務焦慮。多年來，他下班回家後，就事論事談著今天是否賺錢或賠錢。他認為「勝敗乃兵家常事」，財務績效本來就有輸贏，極少表露無謂情緒。此外，父親總是清楚家裡負擔得起什麼，負擔不起什麼，也不傳達諸如恐懼、憤怒、悔恨或嫉妒之類情緒。這些經驗給了我正面的思考：金錢的遊戲勝敗無常，即使一時失敗，你應該更加努力勇敢地承擔結果，必定能克服困境。像我的父親就並非事事擅長，既不

是完美家長，自己錢財的管理也偶有失手；但是他總是能展現冷靜風範，維持財務平衡，教導我和妹妹堅守立場，長大成人後，我們更能夠理性看待金錢。對此，我總是由衷感激。

恪遵六項教養祕訣

如果你認為可能在金錢上對孩子造成過度紛擾，別太過擔心。過去無法改變，但亡羊補牢猶未晚矣。我曾在本書中強調，關鍵在於「自我覺察」（self-awareness）。審視自己的金錢問題，思考這些問題如何自動表現在你的行為裡。只要談到錢，你最常說的話和表情是什麼？關於金錢有什麼例行公事（例如：每月付款單或消費帳單）？你與配偶是否經常為錢爭執？還要想想，你在父母身上學到什麼財務教訓？是否在複製這些行為？你的反應是否與他們的要求背道而馳？

你愈能自我覺察，愈能調整自己面對子女的行為，傳達正面訊息。例如，你有過度省吃儉用的傾向，努力存錢，產生無謂的焦慮不安，但若不自知有這種傾向，便無法加以克服。

除了「認識你自己」這種一般的規勸之外，你還須知道一些基本溝通的知識。我對客戶以及打電話到我廣播節目的人提供諮詢，發現若父母想要培養健康態度，「有所為」與「有所

不為」同樣重要。關於你與子女的金錢互動，此處有些祕訣，你在潛意識裡應謹記在心：

1. 透明溝通

我認識許多家長，他們沒有與子女充分溝通金錢事務，徒留家庭財務壟罩在迷霧裡。如果做得太過，子女將無法理解你金錢決策背後的基本道理。例如：你對子女說「不行買那件毛衣」或「你每週只能有 10 美元零用錢，不是 20 美元」。他們認定你對待子女反覆無常、衝動魯莽又專制獨裁，缺乏理性和智慧。他們也不能因此更了解金錢世界，因為你未曾利用寶貴機會教導他們，讓他們有所認識。我父親完全表明家中財務狀況，有時讓母親驚惶失措。他毫不避諱跟我們說自己賺多少錢。如果不想透露太多細節（有時小孩會洩露給外人，不懂保密），應該試著讓子女大致了解你的財務狀況，以他們年紀能懂的語言來說。並且，如同我父親，務必強調「金錢並非萬能」，人生其他部分更重要。

不要害怕討論自己人生所犯的理財錯誤，包括本書提及的錯誤。我父親冒險行事，鑄下大錯，他與我討論這件事，使我獲益良多。在孩子面前坦承錯誤，顯露你的人性，可讓子女更了解你。解釋你的錯誤及其後果，可激勵子女的人生有不同作為。當然，進行此類對話時，難免會想要爭取同情。別說「我

大學畢業就背負巨額卡債,真是世界第一大混蛋」。你愈能避免負面情緒,不偏不倚冷靜評估自己所犯的錯誤,效果就愈好。

2. 自己的金錢問題自己解決

　　「透明溝通」不是特許證,不要藉此將金錢問題推卸到子女身上。你是否在夜裡輾轉反側,只因你的小公司今年營運狀況不如預期,一直遲繳帳單?照顧年老體衰的父母之時,還得操煩如何支付子女的大學費用?向子女大致說明這些狀況,倒是無妨,即使想讓子女知道哪些重大變化將影響他們人生,也不要反覆長篇大論,抱怨這些問題。把情緒留給自己,如果不小心洩露情緒,請迅速恢復正常。子女不是你的心理醫師,也肯定不是你的理財規劃師。若發現自己過度負荷金錢問題,請尋求幫助,而且要快,以免損及親子教養。雖然很難,有時仍需暫緩處理自己的問題,伴隨子女身邊。否則會有衍生焦慮不安與自我懷疑的風險,這些情緒將回頭啃噬你,一如既往。

3. 鼓勵子女找工作

　　想要教導子女對錢養成健康態度和習慣,請鼓勵他們找工作做,這是最佳方式。在我成長階段,雖然家境小康,我仍沒停過打工,賺取微薄薪資。我清掃落葉、鏟雪,在一家不動產辦事處擔任書記員,還當過體育聯盟裁判,很高興把咄咄逼人又破口大罵的家長請出體育館外。假如父母認為我要的東西是

奢侈品，通常我至少需要自行負擔部分費用。我從這些處事之道學得人生教訓，像是如何應對怒聲責罵又語無倫次的家長，擔任基層文書的女性工作多麼辛苦等。我從小便打工，塑造了我的金錢思維方式。我知道不能浪費錢，因為懂得賺錢辛苦。我也懂得感謝父母為了保持家庭財務安定而勤奮工作。

4. 幫助子女擺脫困境之時，要小心謹慎

不要因為子女都已出社會，就認為他們應該自付一切費用。瑪麗亞的故事有警世作用，說明父母嚴格控管金錢，反而衍生風險，適得其反。父母可以幫助子女擺脫困境，但同時也務必容許他們自負財務健全責任。隨著子女長大離家，這尤其重要。若你支付子女大學開銷，請採取月付方式。如此一來，子女可養成自行管理帳單的習慣，畢業之後展開獨立生活，仍可保持這個習慣。想要幫助子女償還就學貸款，可考慮償清貸款全額或部分金額，但須要求子女在某段時間內持續還錢給你。如果子女屬於「啃老族」一員，大學畢業後還搬回家與你同住，不可讓子女白吃白住。要求子女分攤家庭財務，不論是繳付房租、幫忙家事或代繳帳單都可以，或是打掃清潔、做其他雜務等。如果子女待業中，請他們去找工作，以此事當作同住條件。為了確保子女都能了解這些規則，寫在紙上記錄也不錯。

5. 陶冶理財素養

　　隨著子女漸漸長大，要向他們解釋金錢基本知識。根據研究，小孩七歲開始形成用錢習慣，所以須趁早開始，這是當務之急。在三到五歲時，教小孩辨識錢幣及其價值。針對哪些事免費（例如：與朋友玩耍）與哪些事需要花錢買（例如：蛋捲冰淇淋或玩具），討論其中差異。還要介紹「工作賺錢」概念，以及「延緩物慾，推遲享樂」這個想法。

　　我從未收過零用錢，至於零用錢是否真的重要，決定權不在我手上。若你決定給子女零用錢，可從小孩六歲開始。多數的專家同意：給子女零用錢，不應根據家事表現，但應按照子女自己喜愛而自行決定想要的小物品，這些是你曾花錢購買卻非必要的東西，譬如玩具、零食等。零用錢金額是用來取代這類額外物品的錢，這點要先說清楚。替子女開立帳戶，解說利息賺錢概念，鼓勵子女存下 10% 的零用錢。為了鞏固存錢習慣，針對子女存款，你可提出「提撥配比計畫」（matching plan）：子女每存 1 美元，你就存入 25 分錢美元。一旦子女踏入青春期，可開始解說債務概念。在高中時期，討論大學費用，家裡是否打算分攤教育費用以及分攤方式如何。

　　若你的孩子開始上大學，漸漸過渡到成年期，要教他們基礎知識，懂得如何管理自己的錢，包括如何擬定務實的預算。

替小孩辦一張「押金信用卡」（Secured Credit Card）；這種信用卡須用現金抵押品擔保，可用來建立信用記錄，與簽帳金融卡不同。也要鼓勵子女定期核對自己的信用報告，最好是在每個學年度開始之時。可帶子女選擇銀行，開支票帳戶（checking account）或儲蓄帳戶（savings account），教他們如何平衡開支，也須強調「定期核對帳戶」有多重要。要使子女養成習慣，從打工薪資存下一小部分金額，還須傳授一些基本知識，了解第七章所述的身分盜竊保護。

6. 心存感恩

我有個朋友在華爾街工作，有一天心灰意冷回家，為了自己的年度獎金而大發雷霆。準備討厭她吧！她的獎金是 100 萬美元！夠討厭了吧？她生氣是因為得知同等資歷的男性同事拿到 200 萬美元獎金，她很生氣。我們也都遇過類似問題，對吧？如果覺得受到不公平待遇，我也會生氣。公平待遇相當重要。不過，同時也要想想，當你大肆抱怨哀嘆 100 萬美元獎金太少，你是傳達何種訊息給子女？得到這麼龐大的獎金，你卻似乎沒有心懷感恩，那麼，也別期望子女感恩你對他們慷慨大方，因為他們覺得不值得。

我們都曾對他人心懷嫉妒怨恨；這倒是還好，畢竟人非聖賢，但為了培養子女對金錢的健康態度，該重視的是家庭所擁

有的一切，而非在意別人比你自家多擁有什麼。如果家裡每個人的需求都供應無虞，就應該感到慶幸。另外，別忘記和孩子討論你從工作獲得的深層意義，這遠比你的薪資還重要。

別怕與子女談論金錢

在某些方面，與子女談論金錢，有點類似與子女談論性教育。兩者都是微妙話題，容易引起緊張氣氛，因此許多父母避而不談。他們知道自己至少該談點這些主題，否則子女如何能安然無恙又健康？但他們不知如何啟齒幫助子女，或基於焦慮反而可能太過嘮叨或說得太少，方法錯誤。

一提到金錢（別逼我說「一提到性事」）最好是以**深思熟慮、小心謹慎、不偏不倚**的方式進行討論。協助子女了解基本概念，但別嘮叨不休，不讓自己的情緒主導說話內容，不使金錢在家裡變得過分重要，以免說來說去都是在談錢，因而影響家裡每項決定。控制對金錢的用詞和行為，了解自己有哪些不甚健康的傾向，並且加以修正。再次重申：「金錢並非萬能」，確認你的身教和言教皆已傳達──金錢只是為達到目標的手段，金錢本身並非目標。

親子理財教育並不難（家有兩隻嬌寵諾威奇梗犬的媽媽如

是說），但的確需要額外照料。我朋友邦妮（Bonnie）原生家庭並不富裕，但她先生幸運成為億萬富翁；沒錯，上億家產的「億」。他們的子女不會蠻橫無理，沒享有特權，既不浪費錢，也非「不食人間煙火」。這是因為邦妮始終自覺思考，以健康方式面對子女，處理金錢問題。她沒有鉅細靡遺說出先生收入金額，不讓小孩應有盡有，還要求子女做家事。從子女小時候開始，即說明金錢用途以及人生真正重要的事物。最重要的是：在談論金錢的對話中，總是心懷感恩。她的子女就是以這種方式長大，恪遵「勿道人之短，勿說己之長。施人慎勿念，受施慎勿忘」。

我常跟別人說，我見過最快樂的客戶並非是那些最有錢的人。這些快樂的人勤奮工作，不是著眼於財富累積，而是想活出有意義的均衡人生。你可以暫時擱置自己的問題，關注與金錢相關的行為，幫助子女變得更快樂。盡早開始，現在就身體力行。

蠢事●●●10

照顧年邁父母，缺乏事先規劃

　　本書寫到這裡，有些人可能會想：「哇，我已排除了絕大多數的愚蠢錯誤，以租屋代替買房，明智處理退休儲備金，拋棄自己不懂的金融商品，找到負責可靠的財務顧問，跟書裡寫的一樣。一切都沒問題了！」

　　沒錯，但你是否已經想好，等到父母年老，要怎麼照顧他們？

　　我們不喜歡想到自己有一天會死，房子受到風災毀損，也不喜歡去想父母變老，更不知道該如何對父母啟齒。一想到這些，我們怎麼能與父母開誠布公？「嗨，爸爸媽媽你們好，我們該談一談了……你們的狀況真的不大好。媽媽，妳和我說話

才五分鐘，已經嘮叨同一件事三次。爸爸，上星期你撞到消防栓差點死掉，你真的不該在夜裡開車，尤其是還喝光了『琴通寧』（Gin and Tonic）調酒。你們變得跟祖父母一樣老，一想到這點，我簡直快瘋了！如果你們搬來與我同住，我一定沒辦法忍受，因為我知道一定會吵到不可開交，『血脈相殘』。所以，我們究竟該怎麼辦？」

關於老化這個話題，真令人難以啟齒；於是我們無法討論父母的需求和願望，不想研究這些需求和願望會耗費多少錢，更重要的是，我們沒有未來的規劃。但在我們意識到之前，未來便已經來臨，造成我們蒙受無謂的財務痛苦，更別提整個家庭可能遭受的情緒折磨，這些事原本都可以避免。

我認識一位女性吉娜（Gina），她的父母漸漸老邁，但她從未有機會和他們談論需求。等到她父母年近八十歲之際，開始行動不便，於是她要求父母搬來同住，方便就近照顧。沒錯，她就像歌曲《天國女兒》所描述的一樣偉大，不過我猜她會變得很孤獨，因為大多數人無法忍受父母同住。倘若倘若她能與兄弟姊妹提早幾年坐下來討論，擬定一份計畫，或許父母就能接受她的提議。但父母拒絕了，表示他們正在建造自己的新家，是一間單層住宅式平房，一切都安排得好好的。

　　她的父母並沒有諮詢財經專業人士，也沒問過家裡任何人，逕自砸下頭期款購買土地，隨即啟動建房計畫。這筆買賣自始至終都是一時衝動──她父母開車路過一塊空地，愛上那片土地，當場決定買地建屋。等到房屋完工，他們卻變得進退兩難，因為不動產市場變得非常低迷，他們無法出售原來的房子，又無力負擔兩棟房子的維護費用，於是決定賣出新房子，盡量努力在原來的房子「在地老化」。真是大大浪費時間金錢。

　　幾年後，吉娜的父親中風，必須住進看護中心。事發後幾年，她父母用完所有存款，吉娜和兄弟姊妹必須一起湊錢資助母親。倘若這個家族能夠事先規劃未來，擬定合理對策，包括縮減開支或搬去與某個子女同住，就能避免這種困境。但他們沒有。

　　規劃不周，代價很可能是損失上萬美元，造成年邁父母的意外負擔。若你不了解現代的照護費用是多少，或許會很驚訝。根據美國 Genworth 保險公司 2017 年「照護費用調查」（Cost of Care Survey），接受輔助式生活照護（assisted living）的居民，平均每月花費 3750 美元，私人護理之家照顧（nursing home care）每月花費 8121 美元。若需要居家照護員（home health aide）時薪 21.5 美元，年耗上萬美元，以上皆無健康保險給付。這些只是中位數，實際花費可能更高。

　　美國 Genworth 公司同時發現相關費用持續上漲。單就 2016 年到 2017 年而言，費用平均漲了 4.5%，遠遠超過通貨膨脹速度，若父母是住在偏遠城鎮，還有孿生的往來旅費等額外開銷，加上健康照護費用，這些皆無保險公司理賠。如果需要另外雇請人員就近追蹤年邁父母狀況，請付錢吧！

　　預先規劃，你便可設想如何供給這些費用。若不規劃，你還是要繳帳單，壓力卻變得更大，畢竟子女天生就愛父母，但如此一來，你可能要犧牲自己與子女的需求。因此最好趁早制定務實計畫，預先按照計畫備妥資金。

　　美國有 47% 的成人屬於「三明治世代」（sandwich generation）成員，同時需要照顧老邁父母和撫養孩子，對這些人而言，計畫尤其重要。身為父母，最不想遇到的事就是：父母遭逢健康打擊而需要幫助，卻發現自己在財務和情緒方面都無能為力。若你每天下午都得接送小孩上足球課，誰能帶爺爺奶奶回診？你必須思量這些事！即使你不是三明治世代，善加規劃也是一件該做的聰明事，提前幾十年預先規劃退休（但願如此），趁子女年幼儲蓄大學費用（請告訴我你已照辦）。何妨克服心中不安，與家人團聚，一起為自己的父母建立照顧計畫？

預先規劃，實在超讚！

但總有些人抱持懷疑態度，自認已經制止所有愚蠢錯誤，因此會反駁，照護費用如天文數字般龐大，所以有無規劃老人照護，根本沒有多大差別；事實上，不論如何精心規劃，到頭來仍會超額支出，更讓自己煩心；所以，與其經歷一連串痛苦難耐的家族會議，何不省下麻煩，順其自然？

我同意：任何的規劃和金額，都不能完全免除我們對老邁父母的照顧重擔。經過研究和分析，仍可能發現我們的選擇極少，也缺乏吸引力。但預先規劃仍會有助益，對於原本混亂和變幻莫測的情況，至少我們能夠事先設想控管方式。或許你不喜歡你的選擇，但只要經過規劃，至少可以預先準備，調整情緒，積極面對。

芭芭拉（Barb）和丹尼斯（Dennis）是一對夫妻，曾經打電話到我的廣播節目，他們離職、賣房，搬回娘家與芭芭拉的年老父母同住，方便照顧。數年後，芭芭拉的雙親在幾個月內相繼去世。於是芭芭拉夫妻與兩個手足均分遺產，賣掉父母房子後的收入款項，使他們持有的總資產達到約 55 萬美元，但他們因此也變得沒地方住，芭芭拉不想租屋，所以要買房子，又因為沒工作，沒有申請房貸資格，必須全額付清。因此，他們

買房後僅剩約 30 萬美元的流動資產，不足以支應舒適的退休養老生活。

如果芭芭拉夫妻和父母、兄弟姊妹曾經坐下來一起談話，好好擬訂計畫，他們可能不會選擇與雙親同住。相反的，他們可請父母搬到自己家一起同住，然後芭芭拉或丹尼斯可以繼續工作，若有必要，也可安排幫傭或專任照護員，到家一起協助照顧父母。現在，由於芭芭拉和丹尼斯缺乏規劃，他們只好接受最陽春的退休條件，或是其中一人重返職場，再工作四到五年；但在他們眼中，這兩種選擇都很糟糕。雖然事先規劃無法避免這種結果，但至少能知道未來會面對什麼事，因此可避免退休時令人不快的意外。回想第三章提到的不確定性實驗，人們內心的痛苦。芭芭拉或丹尼斯原本可以避免這種痛苦。

另外再度回到吉娜的狀況，一起來深入思考。我們會發現，規劃可以造就大不同。如果吉娜採取主動，就父母老化的問題發起家族會議，她和手足就能影響父母的想法，父母便可認真思考是否出售現有住宅，改建新房。對吉娜的父母而言，建造新家似乎是明智之舉。他們推斷，新家較小，專為養老打造，只要賣掉原有住宅，等到新家完工，根據計算，銀行存款還可剩下 15 萬美元盈利，這筆錢可資助他們的照護費用。在未來健康需求方面，他們為家庭的最佳利益著想，不想給子女帶來財

務和情緒上的負擔，以為事先已找到解決方案。

　　談論規劃之時，吉娜和手足原本可以改變父母這種想法，提出問題，如果父母願意搬到子女附近居住，豈不是更好？如果父母想要留在亞利桑那州，吉娜和手足可提議改造他們現有的房子，這個選擇較經濟實惠。如果父母決意賣房，吉娜和手足可說服他們先「以租代買」。或者，可以建議父母諮詢理財規劃師，提供選擇和警告。

　　當然，吉娜和手足到頭來勢必支援年老母親財務，主因並非是新房子的失敗，而是他們所欠下的龐大照護費用。再次重申：「預先規劃」很有幫助。吉娜父母原本可以研究是否負擔得起長期照護保險（Long-Term Care Insurance, LTCI），這項保險可支付居家照護的部分費用或全額，但保單相當昂貴，從前有較多聲譽卓著的大型保險公司願意提供，但現在較少，所以或許並非適合選項[1]。在這種情況下，吉娜和手足或許可決定，先安排父母到安養院，等到資產花費殆盡，再討論兄弟姊妹如何一起分擔後面的花費。倘若他們提早幾年設想好這種狀況，兄弟姊妹也都能有幾年時間規劃存錢，同時調整人生其他財務決

---

1. 如果要考慮投保長期照護保險（LTCi），合作對象務必選擇具有受託資格的財務顧問，判斷哪一種保單最適合，或是否有其他替代保險商品可提供某些輔助。

定。但按照現在情況，一旦母親突發任何需求，子女只能做出痛苦的選擇，甚至必須犧牲自己的應急資金或為子女預備的大學費用，盡自己的一份力量，分擔父母的重擔。若能預先規劃，才能有穩固的財務基礎。

照顧年邁的父母，預先規劃也有助改善實際發生的情緒成本和親子關係成本。我曾協助照顧年老父母，可以告訴各位，這確實是一件苦差事！大多數的情況下，照顧父母的重擔不會平等落在子女身上，通常是與父母住最近的女兒承擔最重。由於缺乏規劃，又對照護計畫無法意見一致，不平等的責任可能會導致家族各種緊張關係和怨恨。

我認識一個家庭有七名成年子女（我沒寫錯，真的是七個），其中兩個女兒住得離父母最近，所以她們便處理大部分照顧事宜。隨著時間過去，她們覺得遠居他鄉的兄弟姊妹占盡便宜。當然，前幾年沒人抱怨，因為父母免費幫她們托育兒孫，來者不拒，住得遠的兄弟姊妹並沒享有這種福利。其中有一個兄弟跟我說：「我兩個姊妹選擇住在兒時的居家社區附近，沒人強迫。我很厭煩她們總是扮演聖女角色，這種情況是她們自找的。」

與兄弟姊妹討論父母的未來照護，這件事並不容易，尤其

是如果兄弟姊妹感情不融洽。但最好設法暫時收起你心中的煩亂，直接面對問題。你可說：「哥哥，我知道我們不是很親近，但我們是一家人，同樣關心爸媽。就算你住得遠，也可以想辦法幫忙吧？能否答應一年來看他們幾次嗎？或是可以幫其他的忙？」說話清楚直接，兄弟姊妹能夠一起分擔，或許事情可藉此想出解決辦法。雖然大家依舊會有怨念，但也不至於惡化。

最好的情形是，藉由規劃，促使父母與子女彼此更親近，大家都能高高興興，度過父母衰老的最後歲月。我朋友史黛西（Stacey）在維吉尼亞州長大，大學畢業後搬到羅德島州普羅維登斯（Providence）。她弟弟也搬出去，住在猶他州。父母一直留在維吉尼亞州，年屆七十歲之時，身體依然相當硬朗，史黛西力勸父母搬到她家附近，畢竟一路搬到弟弟的猶他州比較遠，要花費較多心力，況且史黛西不想離開羅德島，搬到父母家附近。但父母很不情願，母親說：「親愛的，等到我死了，就會有人把我抬出去……我不想搬家。」父親附和：「搬到東北部新英格蘭（New England）地區？很冷耶！而且那邊的人講話很滑稽。」

他說到重點了，我就住在新英格蘭地區。雖然如此，面對阻礙，史黛西依舊不屈不撓。有一天，她父親從樓梯摔落，不久之後，她想出一個策略，準備付諸實行。「爸爸，住在你們

的房子裡，太折磨我五十歲的老膝蓋了。我真不知你跟媽媽怎麼過日子的。」下個月，父母過來找她，史黛西若無其事地問父母，是否願意花一小時車程，載他們到鱈魚角（Cape Cod）半島，參觀剛蓋好的新建養老社區。父母同意了，到頭來愛上這個社區。那裡就像個度假村，想要的便利設施應有盡有，包括最先進的健身房、漂亮的電影院、琳瑯滿目的橋牌室等，全都有助於維持精力充沛的社交生活。接下來兩年，史黛西和先生與她的父母不斷討論。後來，等到她父親在自己家裡又跌倒幾次，行動計畫終於付諸實行，要父母搬家。

一開始，她父母在這個養老社區先租一間公寓度過夏天，確認是否喜歡這裡，是否喜歡與史黛西和她先生共處。隆冬之際，他們再度來訪，看看能否適應這裡的嚴酷氣候。父親說：「哇，這裡在一月不能打高爾夫，但換個角度想，我們在家也不能打高爾夫。不過，我總不能搬到佛羅里達州吧？」母親附議：「我覺得下雪有種美感。」聽到這些話，史黛西知道計畫成功了。加上這時候，父母一些好友生了重病，激發他們覺悟，必須務實思考下一階段的人生。這個社區能讓他們結交新朋友，不與社會脫節，萬一健康惡化，家人還可就近照顧。

她父母終於買下養老社區的一間公寓，才住幾個月便融入

社區，人也變得開朗快樂。他們喜歡住在女兒家附近，沒有如預料那般想念原來的社區，財務狀況更是變好了。由於預先規劃行事，他們能夠策略性抓準時機，知道何時要把原有房子投入市場賣出，而非出於壓力急於降價求售脫手。自住宅售價是 75 萬美元，新公寓買價是 60 萬美元。多出來的 15 萬美元用於搬遷和裝修，也用來當作他們的「維吉尼亞帳戶」資金，用這個帳戶的錢支付來回旅費，拜訪老朋友。

他們的行動循序漸進，逐步實現，在情緒上也較輕鬆。如同大部分人生的過渡時期，有條有理的步調，可減輕適應不良的情形。史黛西母親說：「我從未預料能夠離開住了四十年的家，但是自從遷居北方以後，發現人生下一頁篇章更精彩。」至於史黛西，由於父母搬到附近，她變得比較不焦慮。她可以自己開車去探望父母，注意他們的健康快樂。每次只要父母其中一人健康出狀況，她不再需要搭飛機到維吉尼亞州。假如她沒有敦促父母認真思考養老計畫，沒有要他們搬來附近住，這些事不可能達成。

年幼的時候，父母為你拓展視野，扶持你一路成長，現在輪到你報恩了。幫助父母更全面了解自身狀況，包括選擇他們可能從未考慮過的養老方式。如此一來，大家都能省去一些麻煩，畢竟世事難料。說不定還可加深你與父母之間的關係。

四大養老習癖

要是仍舊無法說服你開始擬定計畫，我要再說得清楚一些。我看過許多年老父母重複犯下不少財務的錯誤。有人歸咎父母沒有適當規劃，但大部分要怪罪成年子女逃避責任。若不能督促父母和你一起協力打造養老計畫，等到父母搞砸，請你別生氣，因為他們需要幫助！錯誤原本可以輕鬆避免，卻導致情緒衝擊，造成家人損失大筆金錢。假如這些還不夠嚇得你採取行動，還能有什麼事呢！

養老習癖 1：父母把房子過戶到子女名下

父母進入護理之家，美國醫療補助體系（Medicaid）會支付費用。如果父母的房子價值未超過預設限額（有些州是 50 萬美元，其他州較高），政府容許他們保留房子。假如房價超過這個神奇門檻，你父母若不是必須出售房子，就是必須做出安排，將房價與門檻值差額，支付給美國醫療補助體系。很多老年人不懂這項規則，以為只要房價大於門檻值，醫療補助體系將自動接管他們的房子。所以，這些人怎麼做？他們安排轉讓房產所有權給其中一名子女。是不是很聰明？真相卻非如此。

年老父母並不明白：他們可以保留自住宅，此外，倘若讓渡所有權給子女，則子女必須承擔可觀的潛在納稅義務。

如果父母是在數十年前購屋，價格是 10 萬美元，而現值是
65 萬美元；子女收到這項房屋餽贈，同時也繼承父母原始的
10 萬美元成本基價；也就是說，一旦子女賣出這個房產，即
須依照現價（current price）與低成本基準（low cost basis，
這個基準呈現父母當年支付的房產款項內容）的差額，支付
長期資本利得稅（long-term capital gains tax）。換句話說，
子女必須針對多出來的 55 萬美元，繳付長期資本利得稅。
以 20% 的稅級來算（更上一階稅級約為 23.8%），稅單金額
高達 11 萬美元！

更糟的是，有些父母甚至沒有事先知會子女，就進行所有
權轉讓。這種「小小」稅務真是令人好「驚喜」啊！但若父母
過世，由子女繼承房產，子女將有權遞增成本基準，也就是說：
子女被視為以現值 65 萬美元購買這項房產，後來以 65 萬美元
售出，以此為課稅標準，因此應繳稅額總計為零。若能與父母
討論，事先規劃，當他們想把房子過戶到你的名下，務必阻止
直接轉讓，你會發現談話真是值得。

養老習癖 2：父母沒有足夠的流動資產

我認識一對夫妻名叫湯姆（Tom）和克莉絲（Chrissy）。他
們有 500 萬美元資產，包括 100 萬美元的房子，300 萬美元的度
假房產，100 萬美元的現金和投資。克莉絲不太注意理財規劃，

因為湯姆總是保證他會自行處理。他說：「別擔心，一切都好」。
這對夫妻的三名子女從未質疑這項保證。退休幾年後，一切看
似不錯，直到湯姆過世。那時候，克莉絲和成年子女發現他們
陷入左右為難的困境。克莉絲只有六十九歲，正值退休初期。
有 100 萬美流動資產可以提領，加上社安保險金，原本已夠生
活，但不足以維護兩棟房產。為使未來更有保障，她必須出售
度假房產。

　　子女們心碎了，因為家裡擁有這項房產已經數十年。他們
打算繼續在那裡度假，希望這項房產陪子孫長大。但克莉絲毫
無選擇餘地，她對子女說：「接下來二十年，我不能冒著風險，
犧牲自己的福祉。如果你們想湊錢向我買這間房子，那倒是可
以，不然我就要擺脫它了。」於是克莉絲賣出度假房產，扣掉
稅費和服務手續費，總共拿到 230 萬美元。

　　隨著父母日漸老去，倘若子女事先協助父母規劃照護事
宜，即可提前幾年發現問題，想辦法為家族留下祖產。如果
證實不可行，即使知道會失去度假屋，仍有時間自我調適，
而非突如其來的打擊。在湯姆生前的照管之下，他和克莉絲
已設法累積 500 萬美元的退休資產，成果極佳。可惜他不夠
仔細，沒注意到夫妻兩人年老後的流動資金需求。

養老習癖 3：父母給子女太多錢

這個錯誤與上一個習癖有關。假設父母有六名子女，踏入退休時有 500 萬美元資產，其中 300 萬美元是不動產，200 萬美元是流動資產，包括活期存款、個人退休金帳戶（IRA）等。父母逐漸年老，他們決定給子女每人一年 15,000 美元，所有子女總計是每年 9 萬美元。這個數字與 500 萬美元相比，簡直是小巫見大巫。但父母其實是從自己的 200 萬美元流動資產提撥這些錢。總不能用自家客廳或後院游泳池到超市付錢吧？所以，他們每年變成要從流動資產提撥 4.5% 的錢，比一般人在退休時期安全提領約 3% 的錢還要可觀。更何況，他們可能還要倚賴這些流動資產，去支付至少一部分的其他生活開銷。

父母在退休時期是否會無現金可用，通常事後才看得出這種風險。若發生此事，老人家常被迫賣房，或請子女提供財務協助（請見第八章）。真是一個糟糕的情況！若能有適當規劃，原本可以完全避免。你的父母可能無法一如預期，擁有充足退休金可供花用。身為成年子女，為求完整，你也必須與父母討論這項議題，作為照顧父母需求的一部分內容。

養老習癖 4：父母太早退休

延後幾年退休，養老生活可能更舒適，很多父母都不甚了解這點。根據美國全國經濟研究所（National Bureau of Economic

Research，NBER）一份報告，多工作四年，一般人可以提高三
分之一的生活水準；多工作八年，生活水準更可提升 74%。增
加幅度真大！與父母進行規劃討論之時，針對他們是否確實分
析過自己的退休數字（請重新讀一次第八章），你可提問探討，
父母是否已籌足未來所需的每月收入？你也可以趁機核對一
下，確保父母在退休初期沒有揮霍無度，以免未來可供提領的
錢所剩無幾。

　　如果沒有和父母討論養老計畫，即無從了解他們是否具備
了萬全的決定。等到錯誤造成，家人還要處理善後，到時還是
要開啟對話，重複同樣的話題。既然如此，何不趁著還來得及
預防財務可能的不幸，現在就好好和父母談談？雖然會有些難
堪或不自在，但能避免失去家族度假小屋，豈不是很值得嗎？
我認為非常值得！

正確擬定照顧計畫

　　現在，我已說服你，要與父母和兄弟姊妹安排面對面會談。
針對如何處理這些會談，下文提出建議：

- **盡早開始**：我將退休視為三個階段的組成。在第一階段，
  父母年約六十五到七十五歲，依然十分活躍，或許還在工

作；七十五歲到八十五歲，父母日趨老態龍鍾，但可能仍
舊相當活躍；過了八十五歲，由於年老體衰，父母通常需
要更多照護。我建議：在父母大約七十歲之時，就開始與
他們談論老化議題。如此一來，可趁著父母心智依舊靈敏
之際，能有充裕時間規劃第二和第三階段。

● **小步邁進**：若你或父母發現，思考「老化」的現實面不
太容易，請慢慢來。你們不須一次想出所有解決辦法，
父母也不須一夜之間打破現有生活，只為了準備養老。
我朋友史黛西一開始先試探，希望父母自己能多想想老
化議題，然後她才參與討論。他們以合理的步調探索不
同的選擇，盡量將風險程度降至最低，以租代買。當然，
盡早開始對話，步伐即可不疾不徐。

● **切勿主導解決辦法**：一如我的建議，幫助家人很簡單，你
只需要讓父母和兄弟姊妹先知道問題，還有你們的選擇，
看看還有哪些事沒有考慮到。如果父母堅持己見，你先耐
心傾聽，再盡己所能滿足他們的期望。從前我祖父母日漸
年老，我父親便是坐下來與他們談話，協助擬定計畫。祖
父母的三房自住宅位於佛羅里達州，祖母堅持與祖父在住
家原地養老，不願換小房子住，更不想搬去安養院。父親
則提出其他建議，例如：請祖父母搬到紐約，住在我們家
附近。但是，祖母堅決要在自己家度過餘生。父親算了算
數字，結論是：祖母的計畫在財務上的確可行。還有，鑒

於房子格局，僅需少許裝修，他們原來的房子便適合養老。由於整體來說計畫很合理，父親沒有理由強迫祖母離開他們的家。於是，我的祖父母不曾搬離原來的房子。

- **保障基本財務**：適當的計畫，也要釐清父母的退休理財計畫，這樣一來可保障「父母自住宅及其他房產的處理方式」、「是否備妥遺囑」（請見第十二章）、「你和兄弟姊妹在財務上如何分攤父母的照護需求」等主題。是否有一名子女搬去與父母同住，方便就近照顧？是否有一名子女重新整修自己的房子，邀請父母搬來同住？是否應考量父母需要長期照護保險？如果父母資產少於 50 萬美元，不必太過擔心，因為一旦花光資產，即可符合政府補助資格（美國醫療補助體系）。倘若資產超過 200 萬美元，就不需要這項保險，因為自己的錢足夠「自我保險」，負擔所需的照護，只是過世後留給子女的錢可能較少。持有 50 萬美元到 200 萬美元資產者，則是落在中間值，較可能處於風險之中，尤其是已婚人士，在這個區間範圍的人，踏入五十歲後，應考慮至少購買基本保險（baseline insurance），保障必須足以負擔護理之家或安養院年費的一半。

- **與兄弟姊妹商量照顧時程表**：萬一父母生病，由誰照顧？與兄弟姊妹討論這個問題，根據自己的財務和家庭狀況，考慮每個人實際所能夠分攤的部分。同時務必也要考慮情緒方面的問題。例如我有位朋友很有錢，但受不了她母親。

她與兄弟姐妹協定，由她支付絕大部分母親的照護費用，但她並不參與日常照護。還有另一個家庭，四名成年子女都住在老邁父母附近，與父母相處愉快，彼此融洽。每位子女承諾一週一天陪伴父母。不論你們決定的安排如何，皆須公平對待每位家庭成員。若兄弟姊妹的照護重擔分配不均，有人必須離職或做出其他財務上的犧牲，則應保留較多父母遺產給這些人，當作補償。

- **釐清時程表與責任**：當兄弟姊妹一起安排好了照顧時程表，請寫在紙上，確保人人都清楚，也都同意。若你和兄弟姊妹商量父母的照護事宜，確保每個人都拿到這張時程表，然後決定由誰後續管理相關事宜。如果你無法參與照護，可另外聘請護士、家管員或其他看護，彌補你的空缺。

- **具有建設性**：關於父母應由哪位子女照顧，父母應住何處等，有時情勢可能十分明顯，倘若不是，則需要具有建設性的問題解決之道。我有個投資銀行家朋友住在紐約，她不確定父母年老後要住哪裡，但她沒時間照顧父母。哥哥遠在喬治亞州，父母又遙居俄亥俄州。於是她哥哥提出一個好辦法，建議父母賣掉自住宅，搬到他家附近同住；他運用賣房收入，替父母找尋居所，同時照顧他們；父母過世後，尚未用完的錢也由哥哥繼承。我朋友欣然同意。她很高興知道有人能夠妥善照顧父母，自己也不需分攤日常照護重擔。她不在意沒收到賣房款項半毛錢。父母喜歡住

在兒子家附近，又能有時間陪伴孫子女。哥哥得到財務的補償，也不會覺得背負不公平重擔。

● **若有必要，導入第三方仲裁**：詳細擬定照護計畫之時，最可能激起新仇舊恨，造成關係緊張。若過去與父母兄弟姊妹關係不良，或協談陷入死局而無法達成意見一致，不妨請第三方介入，或許是理財師、律師、家庭財富顧問、神職人員，甚至值得信賴的親友。不論找誰，確保每個家人都認同此人真正公正無私，此類安排必須使每人都能接受，這點非常重要，再怎麼強調也不為過。我曾看過兄弟鬩牆，父母過世後，互相控告「假藉照顧之名任意揮霍父母退休金」。猜猜誰是最大贏家？律師！別讓你家發生這種慘劇。即使對話再困難，也請現在就展開，尋求外援，達成共識。

父母年老的問題難度很高，不過仍有許多安排是可行的，既能讓兄弟姊妹確保父母能夠得到適當的照護，又不必加重個人的無謂負擔。我有些客戶搬去與父母同住，就近照顧，他們知道父母過世後，遺囑指定將房子贈與他們。我外公後來再娶，對方是一個小他三十五歲的女人，她知道自己會得到大筆遺產，可是必須親自照顧他的餘生。不合常理？或許吧！但方法奏效（老人家第三春，可真有魅力）。我母親繼承的遺產較少，但可免除不少辛苦的照護工作（別以為我們施萊辛格家都是聖人；外公最後留了一間漂亮的紐約公寓給這位第三任妻子，還

附帶這棟建築車庫裡的專用停車位，我們後來得知此事，到現在還很心痛！）。

為父母著想，費心思考他們的需求，以及你和手足有何能力照顧父母。接著展開對話，認清這項過程可能經年累月才有成果。我知道過程艱辛，也明白你有多麼不願意。但總要有人打起精神，擔任發起召集人。不如就由你一肩扛起？相信你會成功，盡力而為，看看會發生何事。如果對談不了了之（到最後很可能如此），也別太自責。你要感到驕傲，自己曾經嘗試過。凡走過必留下痕跡，你已為家族和自己的最佳利益盡過一份心。

隨遇而安

我朋友史黛西，說服父母搬到她家附近的養老社區，希望能就近陪伴父母很多年。可惜，樹欲靜而風不止，子欲養而親不待。搬家後幾個月，史黛西父親感染重症，反覆入出院多次，但從此再也不能恢復健康。幾個月後她父親再度進出醫院，搬家八個月後，心臟驟停而死，享年七十九歲。

這件事讓史黛西和母親痛苦萬分，但情況有可能更糟。想像一下，若史黛西必須千里迢迢趕赴照顧父親，或於父親死後大老遠前往照顧母親，情況有多困難。史黛西一想到父親再也

無法享受新家，新生活才剛展開不久就過世，她心都碎了，但知道自己盡了責任照顧母親，已頗感欣慰。史黛西父母經過規劃，多年來遵守執行退休計畫第二和第三階段。史黛西母親雖沒有丈夫在旁，但她已經是在最好的狀況，有女兒住在附近，還交了新朋友，在她們的協助渡過悲痛的喪期，繼續走完人生。

天有不測風雲，人有旦夕禍福。預先規劃父母老年生活，幫助父母和自己比較能接受，已經是一種了不起的成就了。你可能還要忍受一些談話，但你已經是大人了，有辦法處理。

既然說到這裡，不如把其他所有問題也一併提出來討論，我們必須肩負這些不愉快事務，以確保家人在財務和情緒方面的福祉。想到人生可能發生諸多不幸，包括財產損失、殘障失能和死亡等，實在不怎麼有趣。然而，想要採取預防步驟，我們必須要去考慮這些可能性。有太多聰明人不願強迫自己去想那些煩人的情況，「萬一壞事發生，會怎麼樣？」因此沒有得到需要的保險保障。人生無常，一旦災難來臨，自己與家人首當其衝。在本章中，你已經站起來，為家人扛起責任。下一章，我要求各位再度振作起來，這次要為自己負起責任。

蠢事●●●11

買錯保險，甚至根本沒買

　　想像一下，在自己辦公室門口掛上一個大大的「關門大吉」牌子，到一個偏遠海邊買一小塊地，蓋一間小木屋，風景如詩如畫，陽光普照，風和日麗，從此過著悠閒快樂的生活。是不是棒呆了？這就是我朋友丹尼做的事。他年約六十五歲，是一名終身職教授。在結縭數十年的摯愛妻子過世後，他做了這個決定，以大學教授身分退休，賣掉自住宅，砸下 30 萬美元現金，在佛羅里達礁島群（Florida Keys）海邊買了一棟兩房屋。不是在海灘對面的馬路，也不是街區周邊，就在海灘邊。他打算每日聽著海浪聲醒來，療傷止痛，過著一個人的新生活。

　　丹尼的新房子頗有海明威風格魅力，但老實說，實在沒什麼好看的。好比你經過一棟年久失修的房子，停下來問：「裡面真

的有住人嗎？」丹尼的房子類似這樣。可是，他毫不在乎鄰居眼光，沉浸在自己喜歡的生活方式中，在佛羅里達度過每一天，歡喜享受自己認為的百萬美元景觀。他愛沿著海邊晨跑，與新朋友一起釣魚，定期探訪遠在北方的子女。他在家中露臺享用晚餐，看著夕陽餘暉漸漸落入海面。最重要的是，他不再為錢煩惱，真是享受，雖然買屋後沒剩多少銀行存款，大約只有幾十萬美元。但是，既然房子的事已處理好，生活花費也相當低（最大奢侈僅剩偶爾出門釣魚，這是他最新的誘惑），社安保險金支票足夠每月其餘生活開銷。數十年來，經歷學術研究發表等層層考驗，如今丹尼終於能夠輕鬆度日，依照自己意願，安享晚年。

或許這只是他自認如此。2017 年，買下房產幾年後，丹尼剛七十歲出頭，此時艾瑪颶風來襲。他和鄰居不同，他聽從官方警告，在颶風來臨前進入市區避難。回到家後，他卻發現心愛的海濱小屋已成廢墟，心都碎了。雖然屋子結構依然挺立，但汪洋洪水徹底摧毀了內部陳設。至少要花幾十萬美元才可重建。

倘若他有洪水險（flood insurance），這項開銷不成問題。但悲慘的是，他沒投保。許多人的家位於聯邦指定洪水區，按照房貸公司要求，參與美國政府的國家洪水險計畫（National Flood Insurance Program）投保這項特殊的洪水險，原本是理所當然的事。私人洪水險公司也提供服務，但通常較貴。丹尼付現

買房，沒人提醒他（更別說強制他）購買這種保險。丹尼沒有自行投保，因為他誤以為自己的房屋保險已涵蓋所有可能發生的損失。然而事實並不盡然，他其實根本沒有考慮過保險事宜。現在，看到客廳牆面冒出一大片藍綠黴菌，他絕望至極，真希望自己以前多加注意保險事務。

別罵自己「蠢蛋」，很多住在海濱的美國居民都犯過此類錯誤。這些人都不是笨蛋，別忘了，丹尼還有博士學位。但在這種案例中，他們搞砸了。為何發生此事？有幾個原因。保險是消費品，令人不快又無聊透頂，更別提吃力不討好了；你現在付出很多錢，但將來有可能永遠拿不到好處。若是你拿到了賠償金，就表示你遇到了可怕的事。這樣還有任何的吸引力嗎？不怎麼吸引人。人類不喜歡老是想著會大難臨頭，寧可認為人生好運即將降臨在我們頭上，更相信好事將會發生。所以，何必把寶貴時間用來擔心保險，研究是否免受每一種潛在災禍的侵害？

我們傾向輕忽保險的另一個原因是，雖然購買保單很容易，保單內容卻難以讀懂。眾所皆知，保單協議和揭露聲明密密麻麻，充斥大量法律術語，以極小印刷字體顯示。YouGov 網站在 2017 年進行調查，發現有將近四分之三（72%）受訪者同意「保險公司使用含糊不清的語言，費解難懂」。保單訂價策略也沒

有標準。不像買車,你可上網迅速查詢資料,得知經銷商車價行情,再利用這個資料到車行討價還價。

相較之下,保險商品的保費內含了好幾層的手續費,不給你討價還價,也無從得知是否以最低價來購入。若選擇的保單費用較低,是否表示所提供的保障較差?萬一需要索取理賠,保險給付的申請是否很麻煩?更何況消費者提出合法索賠後,卻與保險公司引發爭執的故事比比皆是。也因此買保險常令人倍感壓力甚至焦慮不安,根本是折磨人。我們出於必要或知道有需要,才會想要購買某些種類保險;但有誰一早醒來會想:「今天我就買一張具有充分保障的保險,好開心啊!」

若你發現自己想要忽略保險,請想想丹尼的經驗。由於他沒有保險給付,也因此無力負擔房屋修繕費用,因為這樣做,就會花光他退休帳戶剩下的每分錢。由於無法回去擔任原本教職,他被迫以土地淨值賣出房產,每學期還到當地的社區大學兼任幾堂課。賣房之後,雖然他手上還有多餘現金和賣屋所得,手頭上的錢和存款不足以付新房子的頭期款。他毫無選擇,只能回佛羅里達大陸找便宜的房子租,離海邊好幾英里。或許他不會流落街頭或沒飯可吃,但自己的黃金歲月卻不如原先預料的舒適宜人。

你可能堅稱絕不犯下丹尼的錯誤,在全球暖化時代,新聞

不斷報導大型氣候事件，本來就該投保洪水險，根本不需多想！或許如此，不過，這只是聰明人常犯的其中一項保險錯誤。本書前面提過，我從前有位客戶放棄投保失能險，結果發生憾事，令他懊悔。另外有人購買無謂的昂貴終身壽險。還有人沒買長期照護險，後來卻發生憾事。還有「保障不足」問題，根本說都說不完。你是否知道你現在需要買多少壽險、產險或車險？你真的知道嗎？

且讓我們忍著不痛快，認真了解一下保險。勾勾小指頭，我答應各位，會盡力使本章不會枯燥乏味。好，這一章既不冗長，也不枯燥乏味。我會呈現與客戶合作的經驗，以及來自廣播節目聽眾的電話或電子郵件，從這些案例中提出一些保險相關的深入理念，並著眼於主要的保險「危險誤區」。排除這些問題以後，我們就可以去玩高空彈跳，在鯊魚出沒的佛羅里達海域游泳，狂風暴雨中極速狂飆州際公路，邀請幼兒園活潑好動的小孩到家裡來舉辦沒有人監視的彈跳床派對，或任何你想從事的高風險行為。這個交易不錯吧？

我與保險的限制級愛情故事

本章絕不無聊，開頭我就要坦白招認：我愛保險。真心愛著保險。保險業的人可能會覺得震驚，常聽我在廣播節目或部

落格大肆批評保險公司，認為他們行銷太過奸詐，以及銷售技術的不透明。不久前，一家大型全球保險公司考慮要我擔任美國發言人，這是一個肥缺。經過幾輪面試，在為時將近一年的招聘流程接近尾聲時，他們回頭閱讀我這些年寫過的幾篇文章。結果：工作機會撤銷。

我真的很愛保險──不是指把許多特定的商品包裝並推銷給消息不靈通、毫無戒心的消費者，而純粹是保險的概念。為什麼？人生無常。閱讀本書之際，你可能覺得世事美好，但明天卻可能感染伊波拉病毒而死；或者感染伊波拉病毒卻沒死，但手腳永久失去知覺，你再也無法拿刀執行心臟外科手術；再不然是大樹倒在你時髦奢華的河岸公寓，造成25萬美元的損失；或大樹差點撞到你的河岸美寓，但樓上鄰居馬桶堵塞，水肥淹沒你的公寓，毀壞你極其珍貴的藝術收藏品；或你的限量版安迪‧沃荷（Andy Warhol）複製畫可能沒有損壞，但水電工按門鈴探頭詢問，可能注意到你這張複製畫，他密報那位藝術竊盜通緝犯表哥，而下一星期，你出門探視年邁姑媽，回家之後發現複製畫被偷了。諸如此類的事實在太多啦！

萬事皆有風險，保護自己責無旁貸。你晚上要穿越一些繁忙馬路回家，知道這樣會有危險（我住在紐約市上西區，超怕被M57公車撞到），於是過馬路時，會轉頭看兩邊方向不下

二十次，降低風險，或乾脆走另一條路回家，完全避開風險。投資成長型股票也一樣，你知道可能會有風險，所以分配一部分投資組合到較低風險的債券。至於一些最大的風險，你不須憑一己之力降低或避開風險。相反的，你可以**付錢請別人代為**承擔風險，自己好好過人生即可。

沒錯，鄰居可能馬桶堵塞，屎尿成河，但這倒還好。現在只要付一點小錢給一群名為「保險公司」的陌生人，這些人即可承擔風險，萬一你的公寓受到波及，還會付錢給你。沒錯，你參加非洲野生動物觀察之旅，可能會感染伊波拉病毒，但沒關係，只要現在出一點錢付給保險公司這群陌生人，他們可為你承擔風險，倘若不幸病死，還會付錢給你的繼承人。

這真是我聽過超級甜蜜又驚奇的事了！保險公司有能力承擔風險，仍能獲取合理報酬，這是因為他們匯集了你與其他許多同類人的風險。假使意外發生，絕大多數受保人不會在同一時刻經歷災難（除非是終身壽險，因為**重大消息是：人難逃一死！**）。假設每位投保人僅需支付一點小錢給保險公司，整體所聚集的金錢，可使某時某地遭遇災禍的少數不幸靈魂，得到保險的保障。透過保險公司業者，將這個消費者**社群**集合起來，共同承擔風險，萬一風險成真，即可為你提供保障。真是太棒了！

　　關於保險，你知道什麼事最棒嗎？大多數時候，我們真的僅需付出一點點錢，就可買到保險。長期照護險很貴，每年要花一萬美元或更多；絕大多數人不需要這種保險，但你所承擔的風險卻很龐大。相較之下，為了預防家中貴重物品盜遭竊或火災而投保產險，保費卻很便宜，一年只需幾百美元到一千美元左右。定期壽險也很便宜，一個三十五歲的健康人若需要 100 萬美元保額，每年支付大約一千美元即可。至於洪水險，根據美國著名財經雜誌《吉普林》（*Kiplinger*）報導，一般由政府出資的保單，每年僅需花費你大約 700 美元。

　　若你的收入屬於中產階級或以上，你很可能不須多加考慮，就付錢請人處理麻煩費力的苦差事，譬如：請保母照顧你愛發脾氣的小孩，或請人打掃房子。經過一年時間，這些服務可花費你上萬美元。那麼，談到花錢請人處置人生重大風險，為何你卻猶豫不決？保險讓你有機會控制人生的混亂情形，僅需付個小錢，豈不是很值得嗎？

避開危險誤區

　　帶著我對保險的大力頌讚，且讓我們看看，聰明人可能犯下那些特定的保險錯誤。請務必避開以下五大危險誤區：

危險誤區 1：低估壽險需求，保障不足

許多聰明人低估自己的壽險需求，因為不清楚每月開支多少。網路上都有保險計算程式，可幫你算出需要多少保險；有點麻煩的是，你得先做開銷分析，才可使用。畢竟，對大多數人而言，壽險的重點正是：一旦你死亡，可幫助家人持續應付生活開銷。如同退休，你應善加規劃，讓繼承人每年可提領大約 3% 資產。也就是說，100 萬美元保險金，將可為你摯愛的人產生大約 3 萬美元年度收入；若因通貨膨脹且需長期使用這筆錢，年度提領額度則變少，需考量你的繼承人可自主運用的任何其他資產，以及預期的開銷變化。萬一你過世了，家人是否想搬到較便宜的住宅，或繼續待在原來的家？配偶是否希望留在家裡，不去上班？你是否想資助子女大學費用和配偶的退休生活？

許多人會低估無業配偶的生活保障需求。傑森今年三十五歲，在地方電視台擔任執行製作人，收入是 15 萬美元，妻子在家照顧小孩。他認為沒必要購買壽險，因為工作已有保險，保額價值等於他的年薪。這真是大錯特錯！我向他解釋，萬一他過世，15 萬美元還不足以幫妻子繳付帳單。我們算算數字，傑森需要 100 萬美元的死亡給付，為妻小提供必要保障。金額聽起來很多，但因為傑森很健康，每年僅需 900 美元保費。

我說他的妻子美琳達（Melinda）也需保壽險，傑森聽了頗感震驚。為何需要？假設她過世了，由誰照顧孩子？傑森必須聘請保母，需要花錢。有人會認為，電影《歡樂滿人間》（*Mary Poppins*）裡的保母費用很便宜嗎？保母拿的那把雨傘超貴呢！如果沒考量導致保障不足的情況，一旦不太可能的事真的發生了，反過來又造成不必要的痛苦（遺憾的是，有時的確會發生）。

我們同意幫美琳達買一個 80 萬美元的保險，這樣傑森每年保險費用總計低於 1500 美元。付錢降低風險，這個金額不算很大，卻能帶給你一份理所應得的心安。

工作期間，我發現有些客戶保險不足，只因為他們從未想過會有災難臨頭。我有一位客戶是劇團藝術總監，重型機車酷哥，一頭灰白相間的長髮，臉上掛著山羊鬍，戴著墨鏡。他的妻子是家庭主婦。美麗的星期日午後，子女都出門做自己的事，這對夫妻喜愛騎著哈雷機車兜風。我跟客戶說，他需要為自己投保 100 萬美元保額，他聽進去了；可是，當我建議妻子也要投保，每年只多出大約 500 美元保費，他卻很生氣。我說了電影《歡樂滿人間》的情節。他說：「吉兒，我懂。但是拜託，妳最精於計算，她接下來二十年的死亡機率很高嗎？相當低吧？所以幹嘛為她投保？」

　　我們三人坐在我的辦公室裡，從窗戶即可俯瞰停車場，我看到他們的重機停在那裡。我說：「我問你們，從你家飆車來到這裡，只需二十分鐘？」

　　他說：「沒錯，一路順風。」

　　我說：「那你們有戴安全帽，做好防護措施嗎？」

　　他一臉得意，說：「沒戴。」

　　我說：「那麼，沒戴安全帽而發生機車事故的人，存活率是多少？急診室醫師不是把重機騎士稱為『敢死隊器官捐贈者』嗎？」

　　他妻子坐在我對面，身子前傾，說：「吉兒，我們要買這項保險！」

　　多數人懂得要為自己投保壽險，卻沒想過會有其他風險，不認為妻子可能比自己更早死，也不會料到，屋頂修繕工人失足跌落梯子，對屋主提出控告。或者，自己將來也許失能，無法上班工作。其實我們隨時可能大難臨頭。如果只須支付少量保費便可獲得保障，你就該投保。

危險誤區 2：購買永久壽險

一旦人們決定需要多少保險，有時會犯下典型錯誤：買錯保險類型。如第二章所述，你可購買「定期」或「永久」壽險。「定期保險」很簡單：你為某段固定期限或時期購買保險，期滿之後即無保障。你可購買為期三十年的定期保險，根據自己的年紀，每年支付遞增保費金額（increasing premium），或整個保單期限都繳交固定金額保費。一旦你過世，保險公司會支付保單面值給你所指定的受益人。

永久壽險（permanent life insurance）沒有到期日，只要你繼續繳付足夠金錢維持合約效力即可。這種類型的保單，結合保險與儲蓄要素，是另一項重要特色。你所支付的年度保費，其中一部分是用來支付保險，其他部分則留在一個類似儲蓄的帳戶中，運用遞延稅額（tax-defferred）基礎，可累積利息（P.S. 我看到你在打瞌睡了，快醒醒！永久壽險只剩幾段就要說完了。）保險公司銷售三種基本類型的永久壽險保單，分別是：傳統終身壽險（Traditional Whole Life Insurance）、萬能壽險（Universal Life Insurance）、變額萬能壽險（Variable Universal Life Insurance，或稱「調整型壽險」）。終身壽險保單通常最貴，因為「終其一生」都有保障，在儲蓄方面則依保證利率提供收益回饋。只要你支付保費，保險公司則保證保單的投資風險和保額固定，維持不變。

萬能壽險或變額萬能壽險的保額則不是固定的，根據不同的風險，具有不同報酬率。消費者經由專設帳戶承擔投資風險，如同保單內含共同基金類型投資工具一樣。萬能壽險與變額萬能壽險在投資選項、消費者支付的保費，以及繼承人收到的投保人死亡給付等方面，比終身壽險保單更能提供靈活性。

保險銷售員愛好吹捧永久壽險保單的稅務優惠，但常常「忘了」告訴你：這些保單通常很貴，有高額手續費和佣金，造成年度投資報酬率可縮減高達三個百分點。此外，還通常會收取首期佣金（upfront commissions，即隱性佣金」），金額可達首年保費的百分之百。根據一些分析師估算，很多永久壽險保單需耗數年時間，才會實現你可得的收益，其實你只要購買定期保險，再把差額自行投入投資指數型基金即可。也就是說，若你選擇購買定期保險，就必須要把永久壽險與定期險的費用差額拿來投資。但可別只買定期保險，然後把剩下的錢用來每年享受一趟旅行喔！

保險業希望你自認需要永久保險，但其實大多數人並不需要。若你需為特定「時窗」（time window）投保，請選擇定期保險。例如，你和配偶都三十歲出頭，有一個三歲小孩，另一個小孩即將出生；萬一你死亡，沒留太多存款給家人提領。如果你在保單條款期限內過世，受益人可依保單規定，從保險公

司收到令人滿意的支票。如果你一直健在，定期保單保費不會
花你太多錢，但這是指五十歲之前。超過這個年紀，風險便會
提高，因為你老了（嘿！說這話的人是誰啊？），保費會逐年
遞增。好消息是，過了五十歲，你對保險的需求可能日漸減低，
原因有二：你的子女長大成人，能夠自食其力，而你在儲蓄帳
戶和退休金帳戶也已累積了財富。

在你只需要定期保險之時，卻買了終身壽險，可能會浪費
數千美元。這樣的錯誤很難重新再來，因為退保一張保單是要
花錢的（稍後詳細說明）。另一方面，若你年滿六十歲，想要
買保險，定期保險費用貴得要命，所以終身壽險可能比較好。
若情況是你需要避稅（tax shelter），或需要超出定期的保障，
也應考慮終身壽險。例如，為了幫助繼承人在你死後繳交遺產
稅，為中小企業買賣協議（buy-sell agreement）提供基金，照顧
特殊需求子女等長時間的理由。

危險誤區 3：需求已變，但保險沒變

隨著時間過去，你的保險需求不會維持原樣，這些需求亦
將隨之改變。是否已婚？又多了一個小孩？那麼，你可能考慮
增加壽險保額。定期保險有另一項好處：若你發現的確需要永
久保障，不須再重新投保，即可直接轉為永久保單。想增建房
屋？可能需要更多房屋保險。進行珠寶或藝術品等大買賣？那

麼，你需要改變房屋所有權人保險條款。是否離婚？若你的前任配偶是保單受益人，你或許想變更受益人。是否因為晉升加薪，配偶相對從職場退位，想多花點時間陪伴小孩？萬一你和配偶其中一人有什麼三長兩短，你想確定兩人都已投保適當保險額度，彌補收入損失。

許多人買保險或根本沒買，然後忘記保險的存在。這樣不對。你不需要成天都想著保險，但務必一年一次快速檢視你的保單，確認保險條款符合你的需求。繳稅季結束後，請立即執行，作為你的年度財務審查內容（請見附錄）。還有，自從你購買汽車、房屋、財產等產險以來，是否已過了一段時間？保險業競爭激烈，你可每隔幾年就利用機會，轉換保險。只需要點擊幾下滑鼠，大功告成。

危險誤區 4：無法充分利用員工的福利

許多人都有管道，透過職務投保，可獲得很不錯的保險條款，卻沒有善加利用。雇主可能將壽險保單納入你的薪資獎金配套中，價值高達你年薪的數倍。有些壽險業者會提供機會，讓你選擇為自己或配偶加保。若雇主確實容許員工額外加保，你可購買，因為加保項目費用相對要低，比你自行投保私人保險還低。再者，假設你有「保前排除期」（pre-existing condition）情形，切記，透過雇主所得到的壽險計畫，有些並

不需要體檢報告。這是給你的通行證，可得到一些保障很好的條款，而你原本可能沒資格取得。

當然，員工轉換工作的情形愈來愈頻繁，因此也要小心，別太依賴公司負擔你全部的保險需求。新公司不見得有提供相同保險項目。若你成為自雇者，可能根本無法保留任何保障。

若你是自雇者，你必須考慮購買失能險（disability insurance），儘管費用很高。若你仍上班在職，而雇主沒有為你投保失能險，也應考慮自行投保。此外，你是否屬於專業協會或組織團體的一員？例如大學校友會？如果是這樣，你可透過組織團體，取得較低的團保費率。或是像我一樣，僅投保私人個人保險項目，那麼，請祈禱你永遠不需要申請理賠吧！

危險誤區 5：太早退保，棄械投降

我母親在六十歲買了長期照護險。十五年來，她總是身強體健，從未申請理賠。到了七十五歲，她開始煩我（天下的媽媽都是一樣的），說她是否應該放棄這份保險。這些年來，她繳付所有保費，但無事發生！何苦續保呢？

我說：「我告訴你為什麼。妳將踏入下一個人生階段，其實健康已經開始走下坡，將來可能飽受病痛折磨，所以要繼續

投保。」我很高興她照做了。

根據波士頓學院退休研究中心（Center for Retirement Research）研究顯示：「有超過四分之一的長期照護險投保人，在六十五歲時會放手讓保單失效，失去所有保險利益。」若你是自雇者，有繳付失能險項目，幾年後，你也可能會想要放棄這項保險範圍。請仔細考慮再做決定。比起你在五十歲的風險，到了六十歲，你承受的風險日趨升高，可能會罹患殘疾，妨礙你繼續工作。你已累積各種儲備金，但是否敢肯定已有萬全準備，助你安然度過未知的健康危機？還記得本書開頭提到的故事嗎？千萬別學他！

還要注意：別太快退保終身壽險。大多數保險公司不鼓勵投保人放棄保單，會徵收所謂的退保手續費（surrender charge）。沒錯，這些保單條款不僅在投保之時索取豐厚佣金，而且費用會持續增加，在你退保之時還要敲一筆。就像搖滾樂團「老鷹合唱團」（The Eagles）唱的經典名曲《加州旅館》歌詞：「你隨時可以退房，但永遠無法真正脫離！」（You can check out any time you like, but you can never leave!）若你持有保單不超過五年，退保手續費可能十分龐大，退保並非明智的財務之舉。這些費用通常會隨著時間推移而遞減，所以五年後再退保，轉買較便宜的定期保險，會是較為合理的安排。

吉兒的保險快速檢查表

- 你是否（或你的保險顧問、保險銷售員）已經計算你的保險需求？如果是，定期保險是否較適合你？你真的需要終身壽險嗎？
- 如果你已婚，超過五十五歲，資產淨值在 50 萬美元到 200 萬美元之間，是否考慮購買長期照護險？
- 你的雇主是否提供壽險、失能險或長期照護險？如果是，你能否為自己或配偶加保？
- 若你持有終身壽險，但想要退保，是否已至少持有五年？
- 是否檢視自己的保險需求，作為年度財務檢查的一部分？

　　關於保險購買方式，請容許我在此發表意見。時至今日，許多類型的保險報價競爭激烈，只要上網，在幾分鐘內即可得知並比較這些報價。若有優良保險銷售員協助，再加上以受託人利益為優先的財務顧問會更好。如今我已經變得更有保障，因為我的理財顧問告訴我，他推測我沒有足夠產險保障，便推薦一名傑出的專業人士，專精產險和意外險（casualty insurance），他警告我，一旦發生災難，我的投保項目的保障不足。想要為自己尋找優良的經紀人，可請你的顧問、CPA 認證會計師或律師代為引薦。若你剛好有富豪朋友，也可請教他們聘請哪些人。一旦找到聲望絕佳的經紀人，請聽從對方的建議，不要太省錢！人生其他地方可以省錢，但一年多花 500 美元購買保單絕不能省。

生命延續的禮物

我的客戶凱莉五十多歲，有一天走進我辦公室，說她確診罹患晚期乳癌，僅剩幾個月可活。她已把事情安排妥當，包括家人的保險需求。她想知道：自己過世後，先生和兒子是否有足夠金錢可以生活？

這項任務非常艱鉅，但是在我的職涯中，生平第一次我感到如此榮幸協助客戶。我說：「我們來看看。」她的家庭狀況相當好。她長年擔任公務員，有退休存款與相當不錯的養老金，可由先生繼承。她也透過職務投保，但我們發現，保單已經過期；這是一份定期保單，凱莉必須每年繳款續保才能維持保單效力，但她好幾年都沒支付保費。保單費用很便宜，只需 250 美元。

我們想，凱莉是否有可能續延這份保險。結果居然可以：關於凱莉可能有的任何疾病，保險公司不要求重新體檢或揭露資訊（在此提醒一下：申請保險時，絕對絕對不要說謊。不要有任何一丁點兒歪曲事實，千萬別這樣做）。凱莉僅需償付先前的保費欠款即可。於是她照做。因此，在她死後，她的先生可得到 25 萬美元保險給付。

八個月後，凱莉過世，她先生得到保險金。這筆錢產生很

大作用。有了凱莉的養老金和家庭儲蓄，她先生和兒子可以一如既往地生活，繳付帳單。由於多得了這筆 25 萬美元，他先生可以留職停薪一年，多一點時間陪伴兒子度過悲傷。他後來跟我說：「若沒這筆錢，我絕對熬不過去。這真是一份禮物。」那一整年，凱莉的先生不必擔心財務事宜，僅需注重自己和兒子的情緒健康。沒有人能把母親還給兒子，但至少兒子有父親的親密支持可以依靠。

聰明人談到保險，往往會把保險想成討厭麻煩的事，總認為過分熱心的銷售員會趁機敲竹槓。但保險不僅如此。如果我們釐清這些麻煩事，保險其實就像凱莉先生所言，是一份送給自己和家人的「禮物」。這是一份送給未來的禮物，在最惡劣的時刻，有安全網保護我們。何不確認一下自己的保障是否充分？何不多花一些時間了解你的保單，聯絡理財師、CPA 認證會計師或律師，提供建議和引薦？

此外，還有另外一份禮物可以送給摯愛的人，這份禮物同樣僅需你對自己的少許投資。或許你可能鮮少想到這份禮物，卻能減輕摯愛之人遭受額外的巨大痛苦、折磨和財務損失。知道這是什麼嗎？很多聰明人都不知道。翻到下一頁看看吧！

蠢事•••12

沒有留下遺囑

當我還是國中生的時候，我很沉迷阿嘉莎・克莉絲蒂（Agatha Christie）的小說，讀遍主角女偵探瑪波小姐（Miss Marple）的所有懸案。原著小說電影《東方快車謀殺案》（*Murder on the Orient Express*）於 1974 年上映，我們全家都到戲院，觀賞最愛的比利時偵探赫丘勒・白羅（Hercule Poirot）解決謎團。他實在是超厲害！

幾年前，我的朋友艾琳（Eileen）著手某項調查，就如同瑪波小姐和赫丘勒・白羅處理的案子一樣，過程艱鉅耗時，事態危急。日復一日，她打了許多電話，追查文件記錄，在死巷中打轉，只希望拼湊出謎團全貌。不過，艾琳並非在努力揪出兇手；她既不是警官，也不是私家偵探，她只是一名寡婦，由於

丈夫過世卻沒留下遺囑（或稱為「預立遺囑」，如同我律師朋友的說法），她必須釐清他的事情，才可繼續過自己的人生。

艾琳的先生吉姆（Jim）四十多歲就過世。過世前十多年，他一直在生病，甚至還接受過腎臟移植。艾琳是社工，兩人育有一個十二歲兒子。吉姆生病後，艾琳擔心他有三長兩短，問他是否妥善處理相關事宜。他說「當然」。隨著病況逐年惡化，有好幾次，她問他是否已經備妥遺囑。他總說別擔心，一切妥當。

他過世後，艾琳卻遍尋不著任何遺囑，因為根本就沒有遺囑。艾琳打電話給吉姆的律師，他說曾經寄一份遺囑草稿給吉姆，但吉姆從未寄回。對艾琳而言，這項疏忽真是一大慘劇，我親眼見證。各位能否想像這件事有多難：配偶強忍悲慟，還得 (a) 面對丈夫生前的欺騙；(b) 為錢煩惱。這就是艾琳必須面對的。她不得不聘請律師，忍受長達數月的艱苦過程，最後由遺囑檢驗法院（probate court）解決遺產問題。在那段時間，她無法動用吉姆大部分帳戶，不能還清喪禮相關欠債或其他待償開銷。最後艾琳一共花費上萬美元的法律費用。倘若吉姆安排妥當，備妥遺囑，原本可以避免這些事。後事過程因此變得更加漫長，艾琳也更加哀慟。

在你犯下的愚蠢理財錯誤裡，最糟糕的無疑是沒有立遺囑。

根據遺產規模，這不僅會導致摯愛親人蒙受巨額財務損失，還為他們帶來許多痛苦。想讓自己最親近的人拿不到半點遺產、錢全都落入其他不該得到遺產的人手中？你根本不擔心年幼子女在你過世後無法得到妥善照顧？或是讓你的摯愛必須拋售傳家祖產，才有辦法支付遺產稅或還清其他債務？甚至像艾琳一樣，經歷可怕的壓力、焦慮和麻煩？果真如此，那就別留下遺囑了吧！噢！對了，其他任何形式的臨終規劃也全都免了吧！

太多人沒有規劃自己的死後事宜。根據「健康狀況網站」（caring.com）在 2017 年的一份調查，不到半數的美國成人（42%）「目前已有遺產規劃文件，例如：遺囑或生前信託（living trust）等」。將近三分之二的「X 世代」受訪者沒有這些文件，儘管這群人已邁入中年，而且其中許多人需要扶養年幼子女。事實上，研究發現：家有年幼兒童的受訪者，其中只有 36% 備妥遺囑。真是荒唐！

若你注意到我言詞尖銳，語帶機鋒，這並不是意外。我看過不少錯誤，而「沒有留下遺囑」可能是唯一讓我真正惱火的錯誤，原因有幾項：第一，請別找藉口，務必找一位遺產律師草擬必要文件，這花不了多少錢；一份簡易遺囑僅需少許的 500 或 1000 美元金額，較為複雜的情況可能要花幾千元。如果你實在阮囊羞澀，可利用網路上的法定制式表單，自行草擬遺囑。

雖然我不建議這樣做，看在老天份上，聘請律師吧！而且要找合格的遺產律師，而非協助你房屋清賬或處理交通罰單的人。第二，沒有草擬遺囑，又無執行適切的財產規劃，就你而言，無疑是非常自私的行為，事實上可謂極不負責任。若你沒有事先備妥適當文件和規劃策略，撒手人寰後大可不管一切，但家人將為你付出慘痛代價。倘若你父母或配偶沒有妥善交代就過世，你會恨死這件事，因為必須像瑪波小姐和赫丘勒・白羅一樣忙得焦頭爛額，釐清一切事務。這實在很痛苦！所以，看在上帝份上，何苦把這些爛事丟給你的摯愛呢？

前方警告：本章接下來的內容將繼續大聲咆嘯與疾呼，意圖使你內疚自責，預立遺囑。我是在為你著想，若你願意接受嚴格管教，就聽我說，而且要仔細聽：絕對要……**預立遺囑**。現在就著手進行。在你起床淋浴或喝水之前都可以，檢查臉書等通訊軟體的可愛貓咪照片之前也可以。如果你沒有年輕英俊的遺產律師，請聯繫親友為你找一位。我不想聽任何藉口，這次絕對不行。預立遺囑，規劃遺產，這件事相當重要。若沒留下遺囑，你就是大壞蛋！我是以最大的愛和尊重說這些話的。

細思身後事，日日美好

許多人在理智上知道應該草擬遺囑，但就是無法坐下來與

律師詳談，完成這件事。上述的「健康狀況網站」調查，將近一半的受訪者沒有遺囑，他們解釋原因：「沒空去做。」哇，我懂了，你「尚未有空做這件事」，只因為你是大忙人？你必須籌畫下一趟旅行，也需要協助子女完成學校報告。什麼？你自認長生不老？就這麼怕死嗎？我有許多客戶要求年邁父母草擬遺囑，卻只聽到：「什麼，你希望我去死嗎？」或「你要我做這件事，只是想要我的錢！」（本章稍後會說明如何應付頑固的父母，但目前請先把焦點放在自己身上。）我們不願多想各種最糟情況，不去深思這樣的事實：人難逃一死，總有一天離開人間。但現實狀況如此，我們只能接受事實，未雨綢繆。

聰明人沒有妥當安排後事，另一個原因是：他們不夠了解自己需要遺囑。許多客戶或打電話到我節目的人（主要是年輕人）跟我說，他們不需要遺囑，因為「沒有任何資產」；這樣的話我聽過不下數千次。各位知道我怎麼回答嗎？我說：「的確，只有負責任的成人才需要遺囑。」但是這與你年紀或財富多寡無關。相反的，我們可遵守一個簡單的經驗法則，只要你：a) 還有腦子，且 b) 還有呼吸，那麼你就需要遺囑。上述兩種情況之外的人，可以不必閱讀本章。

二十五歲那年，我首次預立遺囑。這不是什麼重大決定，只是因為我要結婚了，預立遺囑顯然是正確之事。婚姻牽涉

到兩個人，我對另一半有極大責任。於是我在想，或許可以用紙寫下：當我比對方還早踏進棺材，我要把所有世俗之物全給另一半，以及誰有權力代表我做出醫療決定。現今，很多年輕人晚婚，選擇與另一半同居多年。在這種情況裡，預立遺囑尤其是個好主意。若你與男女朋友或跨性別（gender non-conforming）的愛人同居，在你死後，對方沒有法律地位可言。你是否希望另一半繼承財產，讓對方盡可能得到照顧？

即使你不結婚，關於你想要如何度過臨終前的幾小時，你與父母也可能意見分歧。你可能想捐贈器官，萬一毫無希望復原，你也可能要醫師幫你拔管，但你父母卻可能抱持不同想法。若你已備妥正式文件，醫師將尊重你的願望。

我認識一些人擁有可觀資產，但他們沒留遺囑，只是假定配偶已有萬全準備。所以，他們說，就算任憑國家決定他們的後事，也不會怎樣。反正兩腳一蹬，魂歸離恨天，管他的！

問問我朋友艾琳，就知道會怎樣。且讓我們深入挖掘她的故事。在美國，只要有人過世，遺產必須交付遺囑檢驗法院裁定。有些資產可在遺囑檢驗法院以外傳遞給繼承人，例如：交付信託的資產，列名指定受益人的壽險給付，列名受益人的退休帳戶，共同持有的不動產或所謂「夫妻一體所有」（tenants by the entirety）事物。在分配給繼承人之前，包括大多數的支票儲蓄帳戶、證券經紀帳戶、不動產和個人財物在內等其他資產，都必須交由遺囑檢驗法院裁決。若你備妥遺囑，指定由誰得到何物，遺囑檢驗法院沒有疑慮，但仍須耗時數週或數月跑完流程。若無預留遺囑，遺產裁決過程會讓人身心俱疲。

我朋友艾琳的先生累積成堆未拆封郵件，她必須逐一檢查，因為不知道先生留什麼資產給他們。事實上，經由信件搜索，意外發現一些小驚喜。她先生從未說過自己還有兩個「祕密」銀行帳戶，戶頭裡的錢總計 1 萬美元。這倒不錯，但還不足以補償筋疲力竭的處理過程。她還找出幾個祕密信用卡帳戶，餘額總計 3000 美元。我猜她一點也不意外，畢竟，她的男人騙她有遺囑。這也不是常見的所謂「財務出軌」（Financial Infidelity）。根據「信用卡網站」（creditcards.com）調查，不論是同居或分居的親密關係，有 23% 的受訪者對伴侶隱瞞自己的祕密帳戶。哇，這可不妙。

得知先生沒留遺囑，可憐的艾琳面臨日益錯綜複雜的法律過程，要當庭提出更多文件，還得頻繁出庭，支付更多法律手續費，前面提過，總計大約 2 萬美元。不過相對而言，她算是輕鬆擺脫了這些事。在某些案例中，遺囑內容不清不楚，引發潛在繼承人之間的惡意爭奪，長期陷入法庭攻防戰，甚至付出

幾十萬美元的龐大法律費用。此類衝突的裁定結果還可能會造成顯著的不公。

　　以下虛構情節改編自一個從前發生過的真實故事。假設有一個人叫做查爾斯，年已四十八，十七年前成為鰥夫，他的原配罹患動脈瘤溘然長逝。那時候，兩夫妻沒什麼錢，也沒預立遺囑。後來，查爾斯忙著養育子女，建立起自己的事業，並完成了一份簡易遺囑，要把微薄積蓄一併留給三個子女，也指名他的姐姐擔任監護人。

　　現今，子女全都長大成人，差不多年約二十五歲，已能獨立謀生。此時查爾斯在廣告業功成名就，已累積可觀儲備金。他有個美麗女友名叫黛安娜，離過婚，比他小十歲。過去三年來，他與女友一起住在價值 50 萬美元的湖畔美宅。子女痛恨黛安娜，因為他們尚未完全克服喪母之慟，懷疑黛安娜只想要他們父親的錢。但查爾斯和黛安娜彼此相愛。黛安娜也愛屋及烏，日益疼愛他的子女，希望有朝一日能夠和樂相處。她和查爾斯打算攜手白頭偕老。不過，由於過去受盡離婚折磨，況且兩人關係也尚未被他的子女接受，所以不急著結婚。

　　有一天，查爾斯去看醫師，查明他長年來的不適症狀原因，得知罹患了第三期膀胱癌，病況相當糟糕。接下來兩年半，黛

安娜離職，全心全力照顧他。她真是溫柔體貼的天使，有求必應。有了黛安娜陪伴在側，查爾斯堅強忍受多次化療和放射線治療，學會照料泌尿造口。經過一年左右，病況改善，似乎可望打敗病魔。

黛安娜從未想過詢問查爾斯是否更新遺囑。既然他為子女著想，而且財產十分可觀（資產大約 200 萬美元），她假定查爾斯已更新遺囑。實際上，前妻死後，查爾斯從未修改那份簡易遺囑。那時候，他一直都很健康，從未思及身後之事。就連罹癌之後，他也仍未回頭找律師更新遺囑，因為醫師告訴查爾斯有新療法可用，他深感振奮，根本沒想過會輸給病魔。他決定正面思考，等到病況緩解，再修改遺囑也不遲。

但查爾斯沒有這種機運。有一次他出差到日本，返家後，感覺身體狀況有異。他回去就診，發現癌症復發，病況失控。五星期後便與世長辭。

黛安娜完全崩潰。喪禮結束後，她回家哭了整整一星期。有一天早晨，她得知壞消息。查爾斯長子打電話給她，要她在月底之前搬離目前居住的房子。查爾斯僅留下舊遺囑，所以那間房產自動歸屬子女。她哭喊：「你們怎能這樣對我？」長子含糊說聲抱歉，掛上電話。

黛安娜不明白，多年來，都是她在照顧查爾斯。她知道查爾斯絕不會要求她搬離住處。但他的子女可能是存心刁難或由於情緒崩潰，居然要趕走她。怎會發生這種事？

黛安娜找到律師，願意代她控告查爾斯子女，保留她對這項房產的控制權。四年來，黛安娜與查爾斯子女在法庭拚個你死我活。雖然子女繼承了查爾斯的 100 萬美元退休資產（他們是指定受益人，黛安娜無從置喙），卻噴了 25 萬美元，對抗黛安娜提出的法律訴訟；這筆錢是查爾斯所留 50 萬美元非退休資產的一半。最後子女打贏官司。黛安娜盡心奉獻，照顧查爾斯，卻沒拿到半毛錢，而子女損失了原本可繼承的 25 萬美元，全都是因為查爾斯沒有振作起來重擬遺囑。

在這個國家，諸如此類的情節每日上演。我們自認長生不老，但世事無常，有人可能突發重症，魂歸西天（有人吃到變質酪梨醬死亡），或是在毫無防備下被超速的車子撞死。如果沒有備妥遺囑和相關文件，只是徒留摯愛之人受到可能的傷害，遑論年幼子女可能發生的事。假如預留遺囑，你可以選定由誰監護子女，你知道子女喜愛的人，與你的信念和價值觀相符，你願意讓這個人來扶養你的子女。若無遺囑，則是由法院判決子女的接管事宜，依據各州不同的法律。你的子女可能去到親愛的祖父母身邊，得到適當教養；或被判給遊手好閒的姑姑阿姨、叔伯舅舅。

想要任憑法官自由裁奪你的子女嗎？不想？那麼就擬定遺囑吧！如果在過程中，你和伴侶一直沒有結論，只因為你們無法對子女監護人達成共識，那麼請暫時指定一位監護人。一旦確定想要的監護人選，即可隨時變更指定監護人姓名。

規劃遺產，天天如意

也請不要疏漏大範圍的遺產規劃。在第十章，我說了克莉絲的故事，她自從丈夫湯姆過世後，不得不賣掉家族度假小屋，因為湯姆留下的流動資產不夠支付自住宅和這項房產的相關費用。我從沒聽過如此粗糙的遺產規劃。不過，比起我見過的某些其他故事，還算不上什麼。

我有一位親戚上大學以後，便繼承一筆鉅額不動產財產。這位女性的父親一手建立了家族企業，於 1960 年代晚期過世，由她母親接掌事業。母親後來在 1990 年代與世長辭，遺產價值億萬美元，在好幾州都有房地產。由於絕大多數錢財都是不動產，遺產有流動性（liquidity）方面的問題：繼承人的手頭現金無法支付數千萬美元遺產稅給美國政府，因此不得不出售一些優質房產，而且動作要快。如果不動產市場強勁，還不構成太大問題，但當時市場疲弱。他們出售的房產獲得低價收益，使家族損失大約一億美元。若有正確規劃，這個家族原本可在不

同時間把房產過戶到子女名下。他們原本可以投保壽險保單，在母親死後便可產生資產流動性。遺憾的是，這個家族沒有所需的法律得力助手，提供解決意外狀況的法律協助。

這個家族因此損失一億美元，我知道你真是深表遺憾，一般人都沒機會惹上這類麻煩。別畫錯重點。如果沒有適切規劃，萬一你魂歸西天，你的繼承人也可能拚命掙扎處理某些極其重大的稅務問題。回想我們在第十章討論的另一項常見錯誤：在你尚存人世之時，餽贈太多金錢給子女。你現在給他們愈多，死後遺產所剩的現金就愈少。若子女把你的餽贈用於其他目的，可能手頭就沒現金繳付遺產稅，也可能保不住你遺留的不動產財產。雖然每個人都想留住祖傳家產，但卻可能被迫賣出。況且，取決於市場條件，這些房產可能賤價求售。

還記得我建議「把退休儲蓄列為優先，**而非以子女大學費用為優先**」嗎？再次重申：把自己擺第一，反而是最不自私的行為。若你真的餽贈金錢為禮物，別承諾會贈與多次或每年都贈與。告訴子女，你現在餽贈金錢，將來則視情況而定。千萬不要忘記大範圍的要點：一定要規劃、計畫、籌畫。如有必要，務必聘請合格律師和財務顧問。

了解遺產規劃的基本要項

遺產規劃並不難，僅需動手去做即可。讓我們快速看一下過程。首先，你需備妥不少法律文件，不只是遺囑。你的律師會要求備妥以下文件，包括：

- **指示信（Letter of Instruction）**：這份文件指定你想如何處置自己的遺體。你想要大型喪禮集會，或由殯儀館（教堂等）舉辦儀式？也許你希望家人在墳前舉行簡單儀式就好。這封指示信有助於預先處理此類議題。若你想採行火葬，也要在信中特別提出。

- **授權書（Power of Attorney）**：這份文件授權某人代你執行法律、財務方面的事。例如，若你臥病在床，而繼承人要從你銀行帳戶領錢繳付房貸，授權書即可派上用場。銀行不准許親人隨意提領你的錢，得需要授權書。

- **醫療護理委託書（Health Care Proxy）**：假設到時候你已很虛弱，無法自行決定醫療決策，這份文件可正式授權某人代你處理醫療狀況。我習慣稱為「拔管」文件，也就是說，你最好挑選某人執行你的願望，而此人不須顧慮，可為你拔管、中斷治療或請臨終團隊各就各位。

- **信託書（Trusts）**：最常見的是，遺產超過 1120 萬美元（或夫妻兩人合計 2240 萬美元），會透過信託把財產

留給繼承人，因為信託可讓繼承人將聯邦遺產稅降至最低。前述的個人 1120 萬美元與或夫妻 2240 萬美元，律師稱為「排除額」（exclusion amount），不須計入聯邦稅級。若家有年幼子女或子女可能有法律訴訟問題，信託就相當重要。至於遺產較少的人，可查一下哪些州以較低等級課徵國家繼承稅（state death tax）。舉例而言，在麻薩諸塞州，遺產價值超過 100 萬美元才須繳稅，且「聯邦遺產稅法律的未來變化將不影響麻薩諸塞州遺產稅」。此外，信託可讓繼承人更輕鬆快速取得遺產運用許可，因為信託資產不須經過遺囑檢驗法院處理。

- **「放棄急救聲明書」（Do Not Resuscitate Order）：** 嚴格來說，這並非你遺產文件的一部分，但仍須謹記在心。當你住院或到安養院，你都要簽署一份這類聲明書，清楚言明：萬一你無法自行維持呼吸或心跳，你不想要用任何維生系統延續生命。請你全盤審慎考慮，是否願意極端醫療干預，維持你的生存。你現在的感覺不等於將來病危之時的感覺。

準備遺產文件之時，合格的遺產律師將會提出一系列問題，了解你的資產、希望死後怎麼處理資產、其他偏好等。為使規劃順利，節省花費，與律師見面之前，請先思考這些問題：

　　大抵而言，你希望你的錢流向何處？是否想捐部分資產或全部資產給慈善機構？是否想把資產留給子女或孫子女？若真的想把資產留給家人，是否需要利用信託或其他某些方式保護這些資產？（例如，是否擔心其中一名繼承人大肆揮霍這些錢財，或此人很快就會離婚，而其配偶將收到部分遺產？）若你想留資產給家人，是否一視同仁？是否擔心冒犯傷害繼承人或其他繼承人的感情？你希望由誰擔任遺囑執行人？此人位於何處？（我發現，遺產執行人居住地點若與亡者住處位於同一州，事情較為簡單）這個人是否有能力處理繁瑣的行政事務？是否做事有條有理？最後，你希望由誰擔任年幼子女的監護人？是否與此人談過，向對方告知你的規劃？

　　你也應藉由這個機會，多多考慮你的身後事。是否要簽「放棄急救聲明書」？關於在世的親人如何處置你的遺體，是否有任何偏好方式？你希望自己的喪禮看起來怎樣？我有個朋友的妻子辛西亞（Cynthia），在死於癌症之前，預先規劃她的喪禮。後來在喪禮過程中，有人大聲朗讀她的訃聞，這是我聽過世上最美的文章。她希望哀悼者能捐錢給癌症慈善機構，或可為自己買些好東西，當作替代方式，因為辛西亞總是喜歡好東西。喪禮後，我馬上去買了一對耳環，每次只要戴上這對耳環，我都會跟自己說「辛西亞，這是為你而買！」後來哀悼者一起參加辛西亞特別規劃的餐會，位於某

個俯瞰河流、風景美麗的地點。一走進去,服務生隨即過來,為你端上銀盤裡的伏特加和琴酒馬丁尼。辛西亞關懷摯愛之人,不希望她的死亡造成別人過度負擔。她希望摯愛的人悲傷之時也能覺得寬慰。她這樣的臨終姿態真是美好!

等到你完成遺產的規劃,請定期重新考量,評估是否感覺已變,需要調整。也請確定已將所需資料和文件彙整,親人才能方便處理遺產。在我的部落格裡,已列出這些資料和文件清單。但為了讓大家方便查看,也在此列出這份清單。請準備一個大型檔案箱,把下列物品放入箱子:

- 一份主要清單,列出所有銀行帳戶。
- 一份清單,列出所有金融帳戶、社群媒體、電子郵件等使用者名稱和密碼。
- 一份清單,列出所有自動轉帳繳費的帳戶,附上公司單位名稱和聯絡資訊。
- 一份清單,列出名下全部保險箱。
- 你的 401(k)帳戶、IRA 和羅斯 IRA 相關資訊。
- 公司養老撫卹金資訊(若你是少數幾位幸運兒其中之一)。
- 你有的任何年金保險(annuity contract)以及保險合約(壽險、車險、房屋險、長照險等)。
- 儲蓄債券(savings bond)詳細清單(如果這些債券具有實

體形式，也要附上這些債券的副本）。

- 任何持有的證券經紀帳戶之聯絡資訊。
- 房地產所有權證書和墓地契約。
- 車輛所有權文件。
- 結婚證書（或離婚文件）。
- 退伍資料。
- 持有或經營的任何公司之相關文件。
- 法律文件列名的任何人之聯絡資訊（包括姓名、地址和社會安全號碼），連同那些處理你遺產的律師和認證會計師之聯絡資訊。

我知道，彙整這些文件讓你覺得很麻煩，但是請相信我，這會讓你的後代子孫活得輕鬆愉快。我父親過世後，雖然我懂得一些遺產處理過程，但全部過程從頭到尾走一趟，仍是一件令人筋疲力竭的事，不僅是因為我的情緒負荷過重，也是因為取得所有這些資料並非那麼輕鬆如意。你的家人也可能像我一樣覺得是場折磨，情緒混亂。如果他們必須自行處置所有這些事，這項遺產處理過程可能會拖得很久。

與你摯愛之人坐下來好好談談，一起走一遍你的遺產計畫，告知他們所有這些文件和資訊的放置地點，給他們一些基本建議，了解如何處理遺產，盡量減低壓力，可以節省不少力氣。

他們日後將會需要至少十份你的死亡證明書，因為許多金融機構和政府團體堅持只收取正本文件，不接受影印本。也要告訴他們，要追蹤記錄你喪禮和悼念儀式的全部相關開銷，因為或許可用遺產來補貼這些費用給個人。最後，建議他們盡快聯絡你的遺產律師、財務顧問和 CPA 認證會計師，執行遺產處置相關法律程序。在這三大專業人士之中，財務顧問通常最有可能帶頭進行這項程序。

萬一需要規劃遺產的不是你，而是你年老的父母，又會怎樣？你該如何開啟對話？幾年前，遺產律師維吉尼亞‧哈默林（Virginia Hammerle）出現在我的廣播節目裡。我問她，如果試著與父母展開對話，但父母不領情，該怎麼辦？她跟我說，假如遇到抗拒，應該要暫時退一步，別讓情況惡化。時間可以沖淡一切，幾天或一星期後再試試看。我知道這或許很難做到，但是，一定要保持冷靜，堅持下去。倘若你的父母實際上還沒有更新他們的遺產計畫，可以提醒他們：稅務法律已有變更，要與律師重新考量舊有文件，這很合理。假如原始律師仍在，是一件好事，但如果已找不到這位律師，建議可聯絡同一事務所的工作同仁。

若你無法使父母答應要進行遺產規劃，試著舉例說明某位親友的情形，當作引以為鑑的實例。例如，「記得我的高中朋

友莎莉嗎？她處理母親的後事，一整個焦頭爛額。我猜她父母從沒更新過遺囑，差不多有四十年了吧？」哈默林也建議：一開始要把焦點放在「單一個別議題，例如：銀行帳戶所有權名稱或指定受益人」，以此當作跳板，對家庭財務和遺產規劃進行深入討論。若你多次嘗試，父母依然頑固，拒絕參與，暫時放下吧！畢竟，你還得與他們一起共度週末。

父親的臨終大禮

當年我父親感染重症，好幾個月多次進出醫院，後來駕鶴西歸。在他最後一次住院時，醫師試圖施打大劑量抗生素，努力搶救，可是病況毫無起色。臨終時刻到了，很清楚，母親、妹妹和我決定放棄進一步的醫療處置。主治醫師們反而比我們更難以接受事實。後來，我們直接問：「他的病況真的預期可能大幅改善嗎？」他們面面相覷，承認病況無法轉好，因此態度反轉。於是我們做了最悲傷的決定：結束的時候到了。

眼睜睜看著原本活力充沛的人最後屈服於病痛，這種經驗令我們痛苦難當；雖然如此，我們並非難以做出決定。這是因為我們充分了解父親想要的。他已經做好遺產規劃，也不只一次向我們談論他的願望，在他過世前的好幾年時間裡，已向我們說過好幾次。在更早的幾年，他的身體出了不少狀況，現實

的警告，他知道自己隨時可能離世；他要確定大家都能尊重他的願望，而他的繼承人不會過度承擔麻煩的行政處理事宜。住院後，他已簽署「放棄急救聲明書」，但先前他就曾經不斷與我們溝通，說他不想長期臥病，苟延殘喘。他喜歡身體能夠活動自如，萬一無法自理生活日常事務，就不想活了。

對我來說，能夠如此充分密切了解父親的願望，境況變得大不相同。我能秉持良心進行必要事宜。假如我沒有事先知道他的願望，我們可能努力延長他的生命數週，造成他無謂的痛苦。我們可能對醫師感覺虧欠，因為在許多情況下，醫師所受的訓練並非旨在妥善處理臨終狀況，但我們自己可能受的折磨最多，因為不知該如何衡量醫療利弊而受苦，一直想努力解讀「爸爸到底想要什麼」。這件事情會讓我們筋疲力竭，情緒極其焦慮不安。可是，還好我們很清楚他的想法，狀況就沒那麼痛苦難受。父親給了我們一份重要的臨終大禮。

請拋開「長生不老」這種愚蠢想法，預先有條有理規劃你的身後事。我有一個很棒的朋友瑪莉，幾年前罹患白血病過世。親友經常問她「是否想過為何得病的是自己？」她回答：「不，我很慶幸是我生病，不是別人。」她說得對，壞事隨時可能到來，我們僅能接受事實。人人皆可能遭逢困厄，無人能夠例外。耽溺人生黑暗面徒勞無益。但就我的經驗而言，預先規劃身後

事，其實可以減輕煩憂，以免徒增困擾。各位可問問 CBS 新聞網的某位製作人，有長達兩年時間，我總是對她碎碎念。她後來終於為自己擬定遺囑，拍下簽名頁的照片，傳簡訊告訴我這個消息：「做好了，大功告成！饒了我吧！萬分感激！」

　　沒有人是例外，讓我想到最後一件「聰明人幹的蠢事」。許多人自認與眾不同，以為自己睿智非凡，能夠預測投資何時盈利，何時損失。老天爺啊！這根本不可能。如同下一章所述，身為投資人，必須有所取捨。現在就認清現實，否則只好損失大筆金錢，吃盡苦頭，汲取教訓。

蠢事•••13

企圖「看準」市場時機

在 1990 年代到 2000 年代期間，我在羅德島擔任理財規劃師暨投資顧問。雖然當時我還很年輕，卻已是財經老手，1980 年代我曾任華爾街期權交易員，還主持地方廣播節目，經常在報紙發表文章，在「海洋之州」（羅德島州）小有名氣。雖然「小羅德」（美國羅得島州的別稱）據說是「聯邦最大的小州」，即使強調「小」字，我依然覺得受到矚目真是令人開心的事，尤其是因為在我的家鄉紐約市這個世界級的金融中心，這種事情想都別想。普羅維登斯（Providence）是羅德島的首都，陌生人在 IGA 小型超市看到我在挑選酪梨，會走過來跟我打招呼，向我諮詢如何管理投資組合。偶然遇見聲名遠播的市長鮑迪·錢奇（Buddy Cianci）時，他也會向我諮詢要買何種股票，避開何種股票。他會說：「嗨，財經女士，你認為如何？」

在 2000 年代初期的普羅維登斯，我沉浸在理所當然「才女」的光環裡。你看，我身為投資者，遙遙領先他人，在科技泡沫頂點出脫部分快速成長的科技股，而科技泡沫後來在 2000 年破滅。我真覺得「傻人有傻福」，因為在 1990 年代晚期，我被稱作「極端抗拒風險的膽小顧問」，錯過科技熱潮（地方媒體平台保證，我嘴巴說過的話都會公開留存記錄）。如今我終於翻身了，在一些羅德島居民心中，我儼然成為財經「天才」，精通市場走向與錯綜複雜的投資細節。

市場仍舊低迷，我那時覺得肯定能夠看準時機，因此再度買入成長型股票。但情況並非這樣。2002 年，股票市場開始復甦，市場總是循環。若我真的是「天才」，大概在那個時候，我就應該把自己管理的投資項目充分轉回成長型股票。相反的，我告訴自己：我要找到「最恰當時機」重新回到市場。這樣一來，我就可以搭上新牛市的便車，順勢直達下一個向上循環。我等了又等，蒐集成堆資料和第三方分析，證明我的論點，說服自己，認為市場尚未觸底。在整個 2003 年，我的資產組合總體配置只有 40% 是股票，加上 40% 的債券與 20% 的現金，實在有夠糟：那一年，整個股市大漲了 26%，但我的投資組合僅增長了大約 12%。我堅信自己可以精準辨識「正確」買點，重新入市，沒想到，竟然因此造成我的股票持有量不足，結果錯過股市熱絡的初升段。

　　我被打臉了，這次超大力。而這裡可是羅德島，當地人等不及要戳破我吹的牛皮。還有人還寫信給當地報社，公開對我大肆批判。

　　我的錯誤可以稱為：認為自己能夠「看準」市場時機。有些聰明人相信自己（或別人）在財務方面非常敏銳，可準確掌握股市下跌的時點，將持股或基金賣在最高點，賺大錢。有時他們的直覺後來證明是正確的，但大多時候他們賣出的時機，不是太早就是太晚。即使他們的確看準市場下跌的時間，卻不知何時重新投入上漲的市場——買賣點同樣都是令人為難的課題。想要做一個完美決定已經夠困難，遑論兩個？

　　長久以來，專家總是警告：看準市場時機，想都別想。如同財經記者珍·布萊恩特·奎因（Jane Bryant Quinn）的觀察：「無人榮登『看準時機名人堂』大殿」。《華爾街日報》專欄作家傑森·茲威格（Jason Zweig）寫了一本書《惡魔財經辭典》（*The Devil's Financial Dictionary*），把「看準時機」定義為：「企圖在行情看淡的空頭市場（熊市）避免金錢損失，然而造成的後果卻往往是來不及在多頭市場（牛市）賺錢」。傑森，我知道了！經過慘痛教訓，我太了解啦！問題是，有這麼多聰明人依然不知道。事實上，我在設定本書內容的時候，一位編輯問我：「真的需要用一整章解說『看準市場時機』嗎？難道有人不知道看

準時機沒用嗎？」的確有人不知道。如果大家都知道，為何會
前仆後繼想要看準時機？

本書再三論述，我們觀察到聰明人試圖預測短期市場走勢，
到頭來卻失敗。有些人買進房地產，認為可以在某個時間點賣
出，卻只見到市場不斷下跌。有人持有公司股票，認為股價將
會持續上漲，結果卻下跌，輸光家當。家父具有多年交易經驗，
曾賭市場在某段時間會維持穩定，於是孤注一擲，沒料到市場
大幅波動，輸光一切。

沒有人能夠比市場聰明。沒有人能。想要看準時機，你的
投資決策很可能會建立在情緒不穩定的基礎上，受到個人偏見
和盲點的影響。本書通篇主張，我們在財務上的各種決定，並
非如想像一般理性。我們任由不安定的心智掌控自己，鑄成大
錯，一次又一次傾家蕩產。投資也是同樣道理。我小時候看到
父親過度承擔風險，蒙受巨額損失，於是從中得到教訓，成為
保守型投資人。而這樣的保守主義卻阻止我扣下板機，沒有在
適當時機買回股票。

為求審慎投資，請不要再憑自己的天賦直覺買進賣出。相
反的，你要有紀律的採取「被動」儲蓄投資方法，如我在第六
章所述。維持多元投資組合，根據個人「時間跨度」（幾時會

需要這筆錢），務實評估財務目標和風險容忍度，在股票、債券、商品、現金等之間分配，同時每年至少一次重新平衡、確認你的投資組合，讓你的配置能再次反映你當初決定的風險等級。在每次短期市場的變動中，能否獲得最大的利潤？或許辦不到。但長期來說，你將達到所需的穩定成長，以實現你的目標，同時承擔的風險等級也是你能夠覺得從容的。

典型的「聰明反被聰明誤」

我有個理論：聰明人堅持看準市場時機，是因為如此英明睿智。想想看：若有人總是深信人定勝天，人類的智慧力量可以掌控和操縱現實，特別是能夠打敗市場，這樣的人肯定是個聰明人！終其一生，我們受到制約，過度重視智力，信任自己的聰明才智。在醫學、法律、政治、企業管理、行銷、教育等任何專門知識領域中，許多人位高權重，已經習慣別人認同他們的「英明睿智」。所以，我們為何不能比別人更能敏銳預測短期市場走勢呢？

我們很難擺脫「看準時機」的行為，部分原因是我們甚至對自己正在這樣做毫無覺察。2018 年 2 月，股市面臨兩年來最糟的一週，每項主要指數皆重挫 5% 以上。我收到數十封來自 CBS 哥倫比亞廣播公司同仁的電子郵件，大家都嚇壞了，擔心

自己的退休帳戶；其中有人在 150 萬的美元退休帳戶中，近一半是 CBS 股票，四年前的每股交易價是 70 美元，這位同事當時曾允諾要出脫手中持股，回復投資組合的平衡。當然，他沒做到。後來股價變成 55 美元，他依然不想賣出。他說：「我不想認賠殺出。」這毫無道理可言，因為這位同事當年只花了 6 美元認購公司股票，不算賠錢，反而可以大賺一筆，雖然價格比一星期前還差，但已來不及回到過去。我說：「你要趕快賣出，不要拖。」他答應我會這樣做。

一星期後，CBS 股價跌至每股大約 50 美元。我納悶他是否已經賣出，便傳訊息給他，問：「我猜你應該至少賣掉一些股票了吧？」

他傳給我一個眉頭深鎖的悲傷表情符號。

股票交易價後來到了每股 40-50 美元之間，這位同事還做著美夢，高興地想像自己能以 55 美元售出。現在，他不想賣了。如果我反過來問他，是否願意以這種價格購買股票，他一定會拒絕，說這太貴了；畢竟，他是在股價只有 6 美元時認購股票。既然連他都嫌目前的交易價太貴了，何不在股價 50 美元左右賣出呢？

每當我指出有人想要看準市場時機，他們通常會坦承這種

舉動有點蠢，卻提出各種藉口，說明以他們的情況而言這樣做是合理的。如果他們考慮投資不動產，可能會說「我尚未找到適合的房子」。或者，如果他們需要出售公司股票，可能會說「我知道何時該賣，但時機未到」。每當看到有人自認眼光獨到，能看準時機買進賣出，但其實他只是在自欺欺人時，就忍不住偷笑。我認識一個理科宅，他以全班第一名成績從菁英名校畢業（我不能透露校名，姑且透露這間學校約相當於常春藤聯盟達特茅斯學院等級）。這個傢伙相信自己非常了解「區塊鏈」（Blockchain），也就是比特幣（Bitcoin）背後的技術。他很早便投入 1000 美元到比特幣。後來幣值水漲船高，最後他的投資價值到達 5 萬美元。我拜託他至少賣出一部分還清就學貸款，但他拒絕了，聲稱眾所周知，區塊鏈技術將大大翻轉全世界，比特幣只會愈來愈值錢，「我的 5 萬美元比特幣可能漲到 30 萬美元！」或許他說得沒錯，但截至 2018 年夏天，比特幣價格暴跌，而他的投資僅剩 15,000 元價值。

若你打算等到未來某一時機點買進賣出，那麼你就是想要看準時機。承認吧！最好是別再這樣做。

不論我講過多少這類警世故事，我遇到的聰明人都充耳不聞。他們說：「但是吉兒，我真的知道自己在做什麼！」顯然，他們以自己過去在投資方面的成就為證，好像這是最

強而有力的論證似的。但事實並非如此。橋牌冠軍高手安妮・杜克（Annie Duke）曾經來到我的播客接受訪談。她說「人們普遍以『成功』來證明自己的聰明才智，但『失敗』只證明他們運氣不好」。橋牌玩家把這樣的邏輯謬誤稱為「結果論」（resulting），也就是「人們習於根據結果判斷決策好壞」。為了探討這種邏輯，杜克問我是否經常闖紅燈。我說「只有幾次」。她問我是否因此發生車禍或收到罰單。我回答「沒有」。她又問我，是否因為僥倖得到好結果，就認定「闖紅燈」是一個良好決策？我說「當然不是」。

她說「就是這樣」。假設我繼續闖紅燈，認定不會承受任何負面後果，那麼我可能就是倒果為因，咎由自取。

聰明人在投資時，總是陷入結果論。你把原本儲蓄的房屋自備款拿來投資成長型基金。等到你準備好要買房子，此時市場也剛好上漲，只要賣出成長型基金，就可以大撈一筆。天才──你的決定真是正確！但事實並非如此。這個決定很爛，毫無根據，只是碰巧而已。於是你開心沉浸在成功光輝裡，心存僥倖，持續「看準市場時機」，曝露在未來風險下，不知哪一天會倒大楣。

在杜克《高勝算決策》（*Thinking in Bets*）這本書裡，她進

一步觀察到：比起其他人，聰明人通常更容易受到偏見的影響，這和我們的認知相抵觸——聰明人更能嚴謹分析訊息和決策。事實上，杜克提到：聰明才智只會讓我們更加自以為是，失去自知之明。「一個人愈聰明，愈能建構支持自己信念的論述，將數據合理化和架構化，用以迎合本身的論述或觀點。畢竟，在政治領域的招待會中發表言論的人通常都非常聰明。」（編按：本段譯文引自《高勝算決策》，*Thinking in Bets*，采實文化）杜克引用心理學研究，人容易發現別人的偏見，卻無視自己的偏見。她說：「驚人的是：人愈聰明，偏見盲點（blind spot bias）愈深。」（編按：引用出處同上）

如果你曾經因為想要更大獲利，尋找時機，進行財務決策，請重新思考自己的行為。你的聰明才智曾經為你帶來人生的勝利成功，但這種能力亦可能引導你誤入歧途，誤信自己是基於理性而行事，實際上並非如此。聰明才智真是狡猾的敵人！

懶人投資就是聰明投資

許多人意識到，自己抓不準市場時機，甚至可能很討厭為了該死的金錢需要耗費這麼多精力籌謀，於是想出現成的錦囊妙計：請專家代理。在一些案例中，這些專家具有名望，值得信賴。例如，我們聽到一位親友具有生物科技專門知識，他選

對生技股票，賺進大筆財富。我們告訴自己：「我也要參一腳」，然後捧著大把鈔票給這些自詡為專家，事實上一無所知的人。真是大錯特錯。沒有人能夠看準市場時機，你做不到，你生活中的其他專家也做不到。

我有個朋友崔西從事行銷工作，年薪 125,000 美元。她哥哥是科技怪咖，投資網飛（Netflix）和臉書（Facebook）等股票，發了大財。近來他協助奇異電氣（GE）完成一項專案，確信這家公司即將轉虧為盈。在 2017 年初，奇異電氣股票交易價差不多是 30 美元。崔西告訴我，她想拿自己的 20 萬美元存款給哥哥投資。我跟她說：「小心不要慘賠。」

她說：「但是吉兒，我哥很聰明，知道自己在做什麼。過去五年來，他靠股票賺了 300 萬美元。」

於是她不顧我的建議，買進股票，相信奇異電氣股價將一飛沖天。和預期不同，到 2017 年底之時，奇異股價居然暴跌45%，成為那年道瓊工業指數（Dow Jones）中表現最差的股票。2018 年一開始，我偶然碰見朋友的朋友，問及崔西的投資近況如何。朋友說：「我的天啊！她簡直快瘋了！我猜她會賣股票吧！」我不清楚崔西是否會賣股，但是如果她賣股，等於會認賠近 10 萬美元的損失。她那「專家」哥哥也不過如此。他也跟

其他人一樣，企圖看準市場時機。

千萬別隨便聽信同事親友的投資建議，不管他們是否出於善意。除非這些人受過特殊訓練，具有專門知識，否則他們可能根本不知道自己在講什麼。如果遇見這種事，只要牽涉到大筆金錢的風險，不論任何情況，你都不可隨意盲從。我曾過度輕信他人，導致個人財務或事業生意方面，都蒙受損失，付出慘痛代價。多年前，一個這類的錯誤，造成我和自己的公司出現監管方面的問題，耗時多年才圓滿解決。我學到的教訓是：未經查證之前，千萬不可輕信。就算面對的是自己的親朋好友，各位都有權利詢問，即使問題令人反感。提出疑問或許會考驗彼此的關係，但為求長遠，這麼做可避免金錢損失，還有椎心之痛。

若你的這些私交看來不像史詩級的偉大投資高手，某些號稱專業的共同基金經理人可能也不像表面上那麼厲害。根據美國晨星公司（Morningstar），在 2017 年底，美國人持有 11.4 兆美元的主動式管理基金（Actively Managed Funds），但僅有 6.7 兆美元投入被動式基金（passive fund）。你問：「主動式基金」和「被動式基金」是什麼？主動式管理基金，投資公司或共同基金聘僱一群分析師，不斷努力尋找能夠勝過某項指數（例如：標準普爾 500 指數）的最佳資產。為了這樣做，他們可能以一天為周期，買進賣出這些資產。被動式基金則是基金公司購入

某項特定指數成份的股票，以隨著指數起伏。一旦買進，僅在特定指數有所變化之時，才會再度買進賣出。

主動式投資者從來都相信，有些短線操作的資金管理人（money manager）比其他人更懂得挑選績優資產，可以「擊敗大盤」（beat the market，指投資績效優於大盤表現）。你想想，這些資金管理人如何管理你辛苦賺的錢？當然，他們可能找到一家被低估的績優公司，但更常發生的是，他們想要看準市場時機。是否績效真的很好？答案通常是「否」，或更精確地說，並沒有比指數型基金的被動投資來得更好。

根據投資研究公司達霸（Dalbar）2017 年的資料，標準普爾500 指數二十年來產生 7.68% 的收益報酬，平均大幅優於股票型基金（Equity Fund）所達的 4.79% 收益報酬。這樣的差距部分反映了主動式管理人通常索取較高的服務費。各位可回想第一章，我提過美國股神華倫・巴菲特曾對避險基金經理人發出一個知名挑戰，打賭接下來十年的避險基金績效無法超越標準普爾 500指數，而接受打賭的這位經理人輸了。巴菲特建議：不論規模大小，投資人應該選擇指數型基金，而非成本較高的管理基金（managed funds）。他在 2017 年說過：「華爾街人士管理數兆美元，索取高額服務費，通常收割豐厚利潤的是經理人，不是客戶。」加上手續費和稅費，主動式管理基金的魅力大減。

當然，這樣的建議早就不是什麼新聞。2016 年 9 月，我訪談查爾斯・艾利斯（Charles D. Ellis）。長達五十年來，主動式與被動式的投資管理經常引發熱議，查爾斯・艾利斯一直都是主要發言人物。艾利斯的書《指數革命》（*Index Revolution: Why Investors Should Join It Now*）更加直言不諱：「實情令人震驚，大多數主動式管理的共同基金無法趕上指數型基金。」

艾利斯對這項議題發表意見，可追溯至 1960 年代，當時他的工作是分析個別公司，為客戶推薦股票。但他漸漸發現，雖不斷發掘公司資訊，但市場反應股價的速度始終更快，於是他大徹大悟，整個專業也因此徹底改變。1975 年，他在《財務分析師期刊》（*Financial Analysts Journal*）發表一篇文章名為《擺脫永遠的輸家》（*The Loser's Game*），評論：「對於投資管理事業（應該是一種專業，但很多都不專業），建立在這樣簡單的基本信念上：專業的資金管理人能夠擊敗大盤。不過，這個先決條件顯然是一種謬誤。」同一年，美國先鋒集團（Vanguard Group）端出全世界第一個指數型共同基金（index mutual fund），使日常消費者能夠接近被動式投資，投資也變得更容易。

時至今日，財經資訊轉瞬間傳遍全球。專業經理人若對任何公司的資產負債表、管理階層改組或風流主管，提出任何見解，幾乎立即反映在市場價格上。而這些資訊不會隱藏在彭博

資訊公司電腦主機裡,而是納入美國證券交易委員會(Securities and Exchange Commission, SEC)線上公開檔案櫃,或出現在聊天室和留言板,甚至是推特。

「被動投資」聽起來實在不夠吸引人,但確實是最明智的方法。請設定你的目標和風險承受度,制定計畫,選擇適當的指數型基金投資項目,藉此分配在不同類別或類型的投資組合上,然後堅守計畫。並以定期方式為基準,譬如每季、半年一次或一年一次,重新平衡你的帳戶,也可啟動「自動重新平衡」,如果你的退休計畫或財務機構有提供這項服務。若需每年重新平衡一次,可將其中某些漲高的資產部位賣出,並轉往價格相對較低的資產,以維持你預設的配置比例。

這種不斷重新平衡的方式,可強迫你「賣高買低」。誠然,出售股票可能錯失繼續上漲的機會,但只要堅守這套公式,可讓你避免因等太久而拋售的潛藏災難。在本質上,這就好比一種保險策略,同意放棄一些漲幅,以保護自己不受市場反轉的傷害。長期來看,你的績效會與大多數的人一樣良好,甚至可能更好,同時還可望盡量降低一些投資組合不平衡的風險。

「重新平衡」是聰穎作法,想想看:不必去求助某些天才投資者決定何時買進賣出,而是由你自己決定重新平衡的時間

和次數，也可以設定基金自動處理。當然，身為投資人，我們認為一定有人熟知市場，一定有什麼神奇的祕訣或天賦異稟能夠操縱股票，也相信經理人會施展這種魔力。技藝高超的經理人確實存在，但這種人實在太少，如果你選擇主動式管理基金，基本上猶如把錢拿給專業橋牌賭徒去投資。

茲威格（Zweig）有一次接受我的播客訪談，說出他的觀察：「投資人最難做到的事，並非挑選『績效超越市場』的股票，而是挑選一位有能力抉擇『績效穩贏大盤』股票的經理人。」考慮人類的偏誤和高額手續費，主動式管理基金實在不值得。

我曾與大型投資者對談，他們運用別人數億或數兆美元的錢拿去投資。他們坦承，自己的積蓄是投資被動式指數型基金。諾貝爾經濟學獎得主理查‧塞勒（Richard Thaler）同樣也這麼說：「……懶人策略不須太多干預，通常僅需買進大部分股票，不要太過密切在意追蹤股價，即可奏效。」假如這種作法對諾貝爾得主有效，對股神巴菲特也行得通，而且查爾斯‧艾利斯覺得管用，就連大型專業投資者也認為可行，那麼，對你而言必定有用。

重新平衡你自己

2000年代初期，我在羅德島的時候，當時意圖看準市場時

機，這件事真是難堪；但幸虧我在市場低迷時期運籌帷幄，重新回到市場後，並沒有太大損失。從這次難能可貴的教訓裡，我學會不該心存僥倖，想要智取大盤，因為我根本沒有神準能力。若想成功，必須後退一步，遵守紀律，執行既定策略。這個轉變使我學會謙遜，但也從中獲得力量。儘管可能陷入情緒枷鎖，變得猶豫畏縮，但我還有能力，我該選擇認清自己衝動的錯誤，讓自己變得穩健踏實。我需要放下個人意識，認清自己的極限，調整自己，停止做出愚蠢行為，就能轉危為安。我不該企圖控制周遭世界，而是要開始**控制自我**。

這便是我在這本書中想要傳達的訊息。人人都有力量，能夠掌控自己命定的財富，不需要天才時時刻刻的陪伴，不需要最新最棒的 APP 應用程式，不需要殺手級洞察力或分析力，也不需要仰賴大數據。我們需要的是停止自己愚蠢的行為，開始自我覺察，認識自己的盲點，不要造成遺憾。然後遵守紀律，承諾自己：「不，我負擔不起度假小屋的房價，我不會買，我會以租代買。」或「不，我不能短少自己的退休金，就只為了支付大學費用。」或「不，我不會購買自己不了解的的金融商品。」

有時，我們也需要誠實謙遜的說：「我對此事真的一無所知，我要去詢問這方面的專業人士。」誰說你必須全知全能才算聰明？沒必要！我一位好友是針灸師，有一次她跟我說，如

果她有心律不整，會去求助西醫，我大感訝異。她解釋：「針灸對某些症狀確實很管用，但除此之外仍需西醫治療。」我們應心胸開闊，面對擅長的事可以自己處理，但不懂的事也要能不恥下問，懂得尋求專業協助。

想要取得財務的幸福快樂，關鍵在於：具有正確的金錢觀。許多人心懷不切實際的期望，那麼，請從這裡開始，首先告別這些期望，停止汲汲營營，不再企圖成為親朋好友中最有錢的人，相反的，應該進一步深入，把焦點放在建立一個最適合自己的人生。有時我和健身教練開玩笑，說我跟他的工作內容大致類似。很多學員找他，說：「請讓我年輕二十歲，變得要像超級模特兒一樣！」我也遇過一些客戶或打電話找我的人，大家不約而同都表示想要一夜致富。

對於絕大多數人而言，這樣的野心不切實際。人類是血肉之軀，具有極限。沒有任何運動或飲食養生之道能夠把你變成一個纖細的超級模特兒。同樣的，你的事業抉擇、家庭狀況、年紀等，也會約束你的財務。如果你是一個四十歲的教師，年薪 6 萬美元，家裡有兩個小孩，配偶擔任家庭主婦，還有 20 萬美元房貸要繳，那麼，我無法承諾你一定可以「藉由某些儲蓄和投資組合，有朝一日買下一座加勒比海小島」。

　　有能力接受這些限制，善加應對，是一種情緒健康和成熟度的表現，並使我們能夠免於受到衝動的掌控，做出愚蠢的行動。報酬率只有 6%？還算不錯，總比冒著更大風險瞄準 10% 收益來的安穩。以租代買？這也可以，因為現在房價居高不下，租房子較划算。成年子女面臨財務問題，不要事事替他們解決？這樣也好，要讓子女自行其力，想辦法管理自己的財務生活。

　　導正自己的金錢觀，不代表凡事追求完美。反之，這是坦然接受自己的錯誤，推動自己向前行。沒錯，我們有時候會搞砸，但是不要緊。用節食做比喻。星期六晚上與朋友聚會，你偶爾可以放縱一下，吃幾塊熔岩巧克力蛋糕，不必覺得有罪惡感。當星期一再度來臨，你永遠可以重新開始，回歸正軌。至於金錢，「重新平衡」某項投資組合，其實這種概念是事先假定投資組合會失去平衡。不過沒關係，因為你會定期執行「重新平衡」。若本書所提的十三項錯誤，你已經犯下其中一項，現在你便可趁機「重新平衡」，注意是否有哪些潛藏的情緒導致你走錯路。如果未來犯了錯，你可以退一步思考，重新以正確方式東山再起。

　　有這本書在手，希望你將來能夠減少犯錯。不過，讓我們正視事實吧！有時候就是需要一敗塗地，才能得到人生的重大教訓。假如情況是這樣，別讓我阻止你。只需謹記：失敗並不可恥，人非聖賢，孰能無過。你大可自悲自憐，但宣洩情緒後，請務必

重新找回控制權。真真實實改變人生，有條有理，未雨綢繆，節約儲蓄。與子女和父母談話雖然不舒服，卻非常有必要。還有，看在老天爺份上，試著多笑一笑，發揮笑容的神奇力量。

附錄

聰明人該做的十三件聰明事

每月你應該：

● **審視自己的銀行帳戶和信用卡消費明細表**：注意你的消費模式。是否有任何事極不尋常或無法解釋？要當心你帳戶裡的不尋常活動，若有，表示你可能成為身分詐騙的受害者。

● **思考自己對財務生活有何感覺**：你是否壓力過大？一直為錢煩惱，甚至過去一個月輾轉反側，難以入眠？你的計畫是否偏離正軌？出現非計畫之中的開銷？如果是，請採取行動，回到正軌。

● **購買金融商品前，要多方思考**：過去一個月，是否有人向你兜售某個商品，譬如保險保單或新的共同基金？若打算

在簽字處簽名同意，請多花幾分鐘，重新檢查這個商品，確認自己充分了解內容。如果不了解，尋求財務顧問協助指引。

● **反省自己的投資行為**：某些市場動盪是否會使你害怕？是否悖離自己的理財規劃，企圖看準市場時機？如果是，請仔細考慮，重新審視你的財務計畫，訴諸被動式投資理念。

● **審視你年邁父母的財務狀況**：你父母的生活是否出現任何變化，可能需要你為此採取行動？若父母遭逢病痛折磨，在財務上會有哪些相關影響？你需與父母或其他家人進行什麼對話？

每季你應該：

● **審視你的投資帳戶和退休帳戶**：你不需要進行會計方面的鑑識，相反的，僅需快速核對，同步了解近期發展即可。若你採手動方式重新平衡，務必執行這一條，但僅限不需課稅的退休帳戶，以免產生無謂的稅收問題。

● **變更你所有財務帳戶的密碼**：我需要提醒你這一點嗎？所以我現在來提醒你了。

每年你應該：

- **檢視你的投資項目**：對於已經採行的風險等級，以及該風險等級所帶來的報酬收益，你是否覺得妥適？一定要務實面對。如果市場上漲 10%，但你的帳戶只上漲 5%，不要因為你選擇中等適度風險而感到沮喪。此外，必須注意你帳戶的手續費是否有調整。務必重新平衡你的課稅帳戶，考量是否想要採取與稅務相關的行動，例如：列舉損失額來抵銷某些收入額，或以高度增值的證券進行慈善餽贈。

- **執行稅務稽核**：每年報稅季節過後，請檢視你在報稅之際是否遇到任何意料之外的事。是否需要變更下一個稅務年度的預扣額？如此一來，可以釋放空間，在金錢的運用上比較寬裕，以便用來資助其他目標，或預防來年任何始料未及的煩人事務。在年度結束之前，也務必核對一下，判斷是否需要進行任何新的慈善捐贈，或是否應將傳統 IRA 轉換成羅斯 IRA。

- **確認你的身分安全無虞**：前往「年度信用卡網站」（annualcreditreport.com）下載免費年度信用報告。如果發現任何錯誤，優先告知徵信機構，直到狀況修正為止。

- **查看你為子女擬定的大學規劃**：你是否充份儲蓄子女教育金？假如子女目前是高中生，是否已與子女詳談，了解大學選校事宜，以及家境實際負擔得起的選擇？

每三年你應該：

● **檢視你的房屋險和壽險保單**：你的房產價值是否有變？是否多生了幾個小孩？確認你是否充分投保。

● **審視你的遺產規劃**：文件是否更新？人生是否有任何重大變化？家人是否發生影響你計畫的事？是否必須變更你遺囑所列的子女監護人？或必須變更你的退休帳戶受益人？

acknowledgement

致謝詞

　　我要感謝賽斯・舒爾曼（Seth Schulman）對本書不吝賜教，惠我良多，若無他的持續指引與溫和推促，本書無法完成。我們一開始基於專業關係而結緣，後來迅速演變為好友關係，我很榮幸能有賽斯這位朋友。

　　我的經紀人布萊恩・戴佛爾（Brian DeFiore）等了十二年，我才把一切統整起來，好好寫完這本書。我永遠感謝他的耐心和判斷，還有他的幽默感。布萊恩協助本書從頭到尾的成形。

　　沙菈・魏斯（Sara Weiss）以及巴蘭坦出版社（Ballantine Books）全體人員從預備工作開始就對我很好，非常熱心支持這項專案。

　　我親愛的朋友邁可・古德曼（Michael Goodman）是 CPA 認證會計師暨 PFS 個人理財專家）、CFP 認證理財規劃顧問；他閱讀本書初稿，提出專業的協助。米契 ・ 聖多里尼醫師（Dr. Mithu Storoni）、吉姆・格魯布曼醫師（Dr. Jim Grubman）、丹・伊根（Dan Egan）、珊蒂・喬利（Sandy Jolly）的慷慨協助，為本書犧牲個人寶貴時間，提供專業知識。

　　馬克・塔洛里可（Mark Talercio）是我廣播節目暨播客訪談的執行製作人，但他的貢獻不僅如此。他行事低調，不喜歡站在聚光燈底下，所以我特別要很高興地能夠把他放到聚光燈下。由於他的緣故，我的工作生活充滿樂趣和成就感，各方面都能無縫接軌，順利統整。

　　我的 CBS 新聞網朋友和同事鼓勵我，讓我能夠一方面涉足個人理財世界，另一方面掌握嚴肅題材；在這項專業領域，此種作法的確頗有難度。

　　感謝眾多朋友、客戶、閱聽大眾和打電話進來的人，他們親切分享自己的私人理財問題與不幸事件。

　　最後，我要幸運有家人的陪伴，他們總是不斷給予支持和鼓勵。

感謝我的伴侶賈姬（Jackie）為我付出一切，她是我的繆思女神，是對我最嚴格的編輯，也是我的最愛。若沒有她，我不會是現在這個樣子，寫作過程也不會如此充滿樂趣。

我的妹妹琴姆（Kim）一直都是我的頭號粉絲，給我源源不絕的力量與智慧，也是我的最佳讀者。1987 年，我在商品交易所（Commodities Exchange）樓層認識現在的妹夫伊凡（Evan），把他介紹給我妹妹，最後得到一位專精財經與哲學的尤達大師可供諮詢。

我的小姨子潘（Pam）和小叔約翰（John）總是親切聆聽我的構想，積極參與討論，提出有用忠告，敏銳編輯技巧，建設性的反饋意見。我與認識了三十五年的好友雪莉（Sherry），一起度過不少人生大事，包括本書從構思到成品的醞釀過程。

四十年來，我的母親蘇珊（Susan）總是在餐桌上忍受大家的財經評論。為了報答她，我繼承了她的能力，和他人談話之時，務求不帶批判。她是我的兼職個人風格專屬大師，也是全職的媽媽，全心全力支持我，愛護我。

本書充滿我對父親的回憶。我與父親之間的羈絆，永生不忘。親愛的父親艾比（Albie），我終於出書了！

about author

作者簡介

　　吉兒・施萊辛格（Jill Schlesinger），認證理財規劃顧問（CFP），擔任美國哥倫比亞廣播公司新聞網（CBS News）商業分析師，獲得艾美獎提名，並獲頒格雷斯獎（Gracie Award）。自 2009 年以來，定期在全美 CBS 廣播節目和電視台，暢談經濟、市場、企業和投資。她接受美國國家公共廣播電台（NPR）訪談，以專家身分發表許多文章，在《巴倫周刊》（*Barron's*）、《華爾街日報》（*The Wall Street Journal*）、《紐約時報》（*The New York Times*）、《Money 錢》等各式報章雜誌，暢談發表財經論點。

　　吉兒榮獲 2018 全美個人財務顧問協會（National Association of Personal Financial Advisors，NAPFA）特殊貢獻獎（Special Achievement Award）、2018 數位新聞協會（Radio Television Digital

News Association，RTDNA）/ 美國國家金融教育基金會（National Endowment for Financial Education，NEFE）個人財經論述獎（Personal Finance Reporting Award）。她也主持「吉兒談錢」（Jill on Money）播客訪談，榮獲 2018 格雷斯獎（Gracie Award）全國最佳脫口秀獎（Best National Talk Show）。吉兒還為美國論壇公司（Tribune Media Services）撰寫「吉兒談錢」專欄，聲名遠播。名列 2015 年「領英前十大最具影響力人物」（Top 10 LinkedIn Influencers），以及 2016 年「領英前十大最強聲音」（Top 10 LinkedIn Voices）。

吉兒經常到全國各地演說，主持討論多樣化主題，包括宏觀經濟學、市場行銷、人口統計學趨勢，並探討女性員工和 LGBT 同志族群員工的職場議題，以及如何創造專業品牌。有長達十四年時間，她在一家具領導地位的獨立投資顧問公司，擔任首席投資官暨首席行銷官。從布朗大學（Brown University）畢業後，她展開職涯，進入紐約商品交易所（Commodity Exchange of New York），擔任自僱性質的期權交易員。吉兒曾為無數慈善協會提供服務，目前是「故事團」（StoryCorps）委員會成員，這家組織旨在保留動人故事，分享每個人的人生經歷，建立人與人之間的連結，創造更公正慈悲的世界。目前她與伴侶住在紐約市以及長島東端（East End of Long Island），還有兩隻頑皮可愛的諾威奇梗犬（Norwich Terriers）。

Jillonmoney.com

Facebook.com/JillonMoney

Twitter:@jillonmoney

Instagram:@jillmoney

Top

009

理財盲點
有錢人不會做的 13 件理財決定

The Dumb Things Smart People Do with Their Money:
Thirteen Ways to Right Your Financial Wrongs

作　　　　者	吉兒・施萊辛格（Jill Schlesinger）
譯　　　　者	葉婉智
執　行　　長	陳蕙慧
總　編　　輯	魏珮丞
責　任　編　輯	魏珮丞
文　字　編　譯	陳文君、林奕玲、許景理
行　銷　企　劃	陳雅雯、余一霞、尹子麟
封　面　設　計	Bianco Tsai
排　　　　版	JAYSTUDIO

社　　　　長	郭重興
發行人兼出版總監	曾大福
出　　　　版	新樂園出版／遠足文化事業股份有限公司
發　　　　行	遠足文化事業股份有限公司
地　　　　址	231 新北市新店區民權路 108-2 號 9 樓
電　　　　話	(02)2218-1417
傳　　　　真	(02)2218-8057
郵　撥　帳　號	19504465
客　服　信　箱	service@bookrep.com.tw
官　方　網　站	http://www.bookrep.com.tw
法　律　顧　問	華洋國際專利商標事務所 蘇文生律師
印　　　　製	呈靖印刷

初　　　　版	2020 年 05 月
初　版　七　刷	2021 年 08 月
定　　　　價	400 元
ＩＳＢＮ	978-986-98149-9-7

特別聲明：
有關本書中的言論內容，不代表本公司／出版集團之立場與意見，文責由作者自行承擔

有著作權 侵害必究
本書如有缺頁、裝訂錯誤，請寄回更換
歡迎團體訂購，另有優惠，
請洽業務部（02）2218-1417 分機 1124、1135

國家圖書館出版品預行編目 (CIP) 資料

理財盲點：有錢人不會做的 13 件理財決定 / 吉兒．施萊辛格（Jill Schlesinger）著；葉婉智譯 . -- 初版 . -- 新北市：新樂園，遠足文化，2020.05
304 面；14.8 × 21 公分 . -- (Top；9)
譯自 : The Dumb Things Smart People Do with Their Money: Thirteen Ways to Right Your Financial Wrongs

ISBN 978-986-98149-9-7(平裝)

1. 個人理財 2. 投資

109005309